RAFAEL MURILLO-SELVA RENDÓN

EL CUENTO DE LA IDENTIDAD

ERANDIQUE
LITERATURA

EL CUENTO DE LA IDENTIDAD
Rafael Murillo-Selva Rendón

Pintura de portada: Morazán siempre del Maestro Rúdrico Argueta. Banco Central de Honduras.

©Colección Erandique
Supervisión Editorial: Óscar Flores López
Diseño de portada: Andrea Rodríguez
Administración: Tesla Rodas—Jessica Cordero
Director Ejecutivo: José Azcona Bocock
Primera Edición
Tegucigalpa, Honduras—Marzo de 2026

PREÁMBULO

LA NACIONALIDAD Y LA IDENTIDAD

No es desde ahora, sino desde siempre, que los latinoamericanos estamos empeñados en diseñar un rostro que venga a otorgarle un perfil a nuestra cultura. Empeño necesario, por lo demás, ya que a las "jóvenes" naciones que emergen en la primera mitad del siglo XIX, les era indispensable darse un cuerpo de valores culturales a cuyo través, la nación en proceso de formación "se convirtiera en un ente orgánico capaz de construir por sí misma su propio futuro". La "identidad" en este caso sería el soporte, el ideal por medio del cual se podrían diseñar y levantar las estructuras económicas, políticas y sociales que forjarían esa organicidad.

Es bajo esa perspectiva de búsqueda que habría que situar y comprender las reflexiones y polémicas de algunos de nuestros mejores hombres del siglo pasado, muchos de los cuales comprendieron la vital importancia que la cultura representa para el fortalecimiento de la nacionalidad. Aunque en muchas ocasiones se encontraron en posiciones opuestas y hasta antagónicas, los próceres y demás hombres y mujeres significativos del siglo XIX aportaron contribuciones importantes, muchas de las cuales, en el día de hoy, parecen tener vigencia excepcional.

En América Central son bien conocidas las tesis de Don José Cecilio del Valle, en cuanto al peligro que significaba imponer brusca y radicalmente nuevas instituciones. "Medir cada paso…" "La naturaleza no da saltos", señalaba.

Las recomendaciones prudentes del sabio habría que entenderlas como un alerta dirigido a las vanguardias de aquel entonces, a fin de que consideraran, antes de lanzarse a cualquier cambio, las características físicas y humanas (es decir, la "identidad") del contexto en donde este debería efectuarse.

En tanto que Francisco Barrundia y Pedro Molina, urgidos por su noble pasión revolucionaria, confiando quizás más en el poder de las ideas que en el de la propia realidad, reclaman una ruptura terminante y radical con el pasado.

Don Andrés Bello[1], siendo como fue el gran investigador y sistematizador del "español americano", afirmaba, sin embargo, que "los mejores elementos del período español" no deben desecharse por la prisa en construir un futuro independiente; en tanto que el argentino Esteban Echeverría[2] insistía en señalar que "a las nuevas naciones les hacía falta un arte y una literatura propia".

Simón Bolívar, Domingo F. Sarmiento[3], Francisco Bilbao[4], José Martí, Rubén Darío y muchos otros expusieron sus ideas y asumieron posiciones en relación a la búsqueda de ese marco cultural necesario para el fortalecimiento de la nacionalidad. No es sino esta motivación la que inspira al libertador Simón Bolívar cuando, en el Congreso de Angostura expresa su famosa frase: "Tengamos presente que nuestro pueblo no es el europeo, ni el americano del Norte, que más es un compuesto de África y América, que una emanación de Europa; pues que hasta España misma deja de ser europea por su sangre africana, por sus instituciones y por su carácter."[5]

Y también la que hace decir a José Martí[6] que "éramos una máscara, con los calzones de Inglaterra, el chaleco parisino, el chaquetón norteamericano y la montera de España"; el desarrollo de nuestros pueblos, agregaba, "había sido deformado por la ciega imitación de pueblos ajenos". Sin embargo, el mismo Martí, en cuyos escritos no se encuentra una sola línea de "ciega imitación", señalaba a su vez la necesidad de "unirse con el mundo y no solamente con una parte de él".

---

[1] Andrés Bello (1781-1865). Filólogo, poeta, educador, jurista, filósofo y reformador legal venezolano.

[2] Esteban Echeverría Espinosa. (1805-1851). Escritor argentino, poeta, político, precursor del romanticismo y del liberalismo rioplatense.

[3] Domingo Faustino Sarmiento. Nació en 1811. Falleció en 1888. Educador, político, escritor y presidente de Argentina (1868–1874)

[4] Francisco Bilbao. (1823-1865). Ensayista, pensador político, reformista social y liberal radical chileno.

[5] Simón Bolívar ante el Congreso de Angostura (Colombia, 1819). Citado por Manuel Galich en "Documentos Simón Bolívar", Casa de las Américas, página XV. La Habana, Cuba, 1964.

[6] José Martí. 1853-1895. Escritor, poeta, periodista, filósofo, político, revolucionario y ensayista cubana.

En tanto que Rubén Darío asevera que "nuestra inmensa sed de progreso nos impulsa no sólo a imitar, sino a absorber y adaptar".

En el siglo que corre, los debates y las reflexiones sobre el tema adquieren un carácter más beligerante. En esta época surgen innumerables "ismos" y escuelas, y también movimientos políticos de trascendencia tal, que harían sacudir las bases mismas de lo que algunos sectores consideraban tradición institucionalizada.

El indigenismo, el modernismo, el muralismo, el creacionismo, el costumbrismo, etc., son algunas de las escuelas que, en materia de creación artística y cultural, polarizan actitudes e ideas.

Por su parte, los movimientos sociales y políticos, independientemente de la actitud que asumamos frente a ellos, podrían entenderse como eslabones o pasos (algunos de ellos trascendentales) en ese enorme esfuerzo histórico que hemos venido realizando los latinoamericanos por encontrarnos con nosotros mismos.

La Revolución Mexicana, el movimiento aprista en el Perú, el corporativismo brasileño, la revolución socialdemócrata de Costa Rica, la guatemalteca, la cubana y últimamente la nicaragüense son, entre otros, movimientos impulsados por grandes sectores de la población, y en esa medida, marcan y modelan ese empeño histórico que ha significado la búsqueda de "lo propio".

Sea como fuese, podría asegurarse que en los momentos actuales, en Latinoamérica y en todo lo que llaman Tercer Mundo, es difícil encontrar un intelectual o artista que permanezca indiferente frente al problema de la "identidad".

Quiérase o no, los hombres y mujeres de esta región de América estamos obligados por las leyes de la historia (que de tanto estar presentes parecieran cosas del destino) a establecer un diálogo (en el cual las preguntas son quizás más frecuentes que las respuestas) con esa famosa "identidad". Sea para negarla, buscarla, asumirla o simplemente encontrarla.

Esa escurridiza realidad empieza a interrogarnos desde el momento en que la conciencia llega a nuestros actos. Y es que no podría ser de otra manera; en este continente nuestro, por razones históricas de todos conocidas, no hemos podido hasta ahora alcanzar el grado de seguridad y libertad que nos permita construir nuestro propio futuro. "Libertad y seguridad" son condiciones necesarias para la producción de cultura, y a lo largo de nuestra historia estas condiciones nos han sido generalmente negadas.

Es cierto que aún bajo estas circunstancias hemos podido producirla, y ello por la simple razón de que la cultura es como la vida misma; dejaremos de hacerla solamente cuando dejemos de ser.

La hemos hecho a pesar de que nuestra historia siempre ha estado marcada por ese hecho antagónico e irreconciliable con la libertad y seguridad que es la dependencia, realidad esta que le ha dado a la cultura que hemos venido forjando una marca indefectible que la distorsiona, la somete y explota. De esta manera, podría decirse que esta ha sido y sigue siendo (tal como ha sido llamada) una "cultura de la resistencia".

Esta es la razón que podría explicar la preocupación, sea en un sentido u otro, que desde los albores de la "independencia" hemos tenido algunos latinoamericanos por el problema de la cultura y su "identidad".

Lo que está en juego es de importancia capital para nuestra "libertad y para nuestra seguridad", amén de que somos conscientes de que para poder hablar como hondureños, como centroamericanos, como latinoamericanos, como miembros de una nación o, más bien, de un proyecto de nación, es necesario luchar para que esta adquiera sus contornos, "se arraigue en su propia historia, se determine por sí misma", lo que solo es posible en la medida que sea capaz de "adquirir una autoconciencia nacional, una fisonomía social peculiar, una personalidad colectiva", que nos permita poseer la capacidad de ir encontrando nuestras propias respuestas a las necesidades que las condiciones siempre presentes y modificables nos van imponiendo.

Esta "cultura de la resistencia" no implica desconocer o negar "lo ineludible de la historia", como bien lo dice Leopoldo Zea[7], puesto que esa misma dependencia es historia real, y es solamente a partir de esa historia pasada y presente que podemos partir para construir la historia que ha de hacerse.

Proyectos hacia el futuro, cuyo primer objetivo debe ser romper con esa visión unívoca del etnocentrismo, que pretende convertir la

---

[7] Leopoldo Zea. 1912-2004. Filósofo mexicano, historiador, ensayista, pionero del pensamiento latinoamericanista.

cultura en un rasero universal programado, ideologizado y puesto al servicio de intereses, los cuales por su propia dinámica resultan opuestos a la expectativa y deseo más profundo de los seres humanos: vivir en una sociedad en donde la libertad sea la primera condición para que podamos crear la cultura que queremos, la cultura que necesitamos, y para que se pueda, como se ha dicho, "hablar un lenguaje cuya autonomía y especificidad deriven del pleno empleo de la creatividad".

LA "IDENTIDAD" Y LAS LLAMADAS CULTURAS POPULARES

En la parte precedente de este escrito, se trató de hacer un rápido y corto recorrido por la historia, con el que se pretendió evidenciar la relación que se ha venido operando entre el proyecto, todavía no concluido, de la formación de la nacionalidad y la búsqueda de la "identidad". En este segundo aparte, someto a consideración otro orden de reflexiones, que apuntan al encuentro de una pista que nos permita desenredar algunos de los complejos hilos que mueven a los hechos culturales en los sectores llamados "populares". Estas reflexiones han surgido como resultado de las dudas permanentes a que he sido sometido por la práctica misma, y por la vivencia que desde hace algún tiempo vengo teniendo con dichos sectores. Valga para tal propósito enumerar algunos ejemplos:

Ejemplo I

La letra del Himno Nacional de Honduras, para el caso, no debió originalmente significar absolutamente nada para la mayoría de nuestra población. Su armazón literaria se compone de signos difícilmente comprensibles, y en este sentido sería la evidencia de una ausencia total de "identidad", y aún más, ejemplo de la imposición arbitraria de códigos ajenos a la mayoría de una población. Frases tales como:

Coro...
Tu bandera es un lampo de cielo
Por un bloque de nieve cruzado...

Solo...
India virgen y hermosa dormías
De tus mares al canto sonoro
Cuando echada en tus cuencas de oro
El audaz navegante te halló...

Solo...
Era Francia la libre, la heroica
Que en sus sueños de siglos dormida
Despertaba iracunda a la vida
Al reclamo viril de Dantón...

Es difícil encontrar (como en el caso de la mayoría de los himnos nacionales de nuestro continente) un discurso tan poco adecuado a una realidad hacia la cual supuestamente iba dirigido.

Sin embargo, en la obra de teatro Loubavagu, montada en una aldea de la etnia garífuna de Honduras, uno de los pasajes de más impacto dramático y lleno de significaciones es justamente aquel en donde la etnia, con orgullo, canta el himno nacional, el cual, quizás por la profunda necesidad de integración que los garífunas sienten hacia su Patria Grande (en este caso Honduras), ha sido de tal manera asimilado que, aunque este haya sido el producto de intereses culturales contrarios y hasta opuestos, ha venido sin embargo a formar parte importante (al menos por ahora) de los valores que componen la esfera de su mundo simbólico.

Pero en el supuesto de que así no fuese para los garífunas, en todo caso para la mayoría de la población hondureña (blanca, mestiza, india, etc.), el himno nacional es un símbolo de nuestra nacionalidad, de nuestra cultura y, eventualmente, de nuestra "identidad".

Ejemplo II

El "Wuanáraba" o "los máscaros" es una danza ancestral de la etnia garífuna que durante muchos siglos se ha venido bailando con los pies descalzos. Durante los ensayos de la obra, algunos bailarines aparecían con zapatos tenis (ya todos conocemos el origen de esta agradable conquista de la economía de consumo). Pregunté: ¿y con tenis van a bailar? Sí, respondieron, "porque es mucho mejor" ... Dejé que los hechos se desarrollaran tal como se viven, entre otras cosas porque no era yo la persona indicada para señalarle a un garífuna que lo que él usa y practica hace parte o no de su "identidad".

Ejemplo III

En 1977, y con ocasión de un montaje teatral realizado en la comunidad de San Bartolomé de Milpas Altas, en Guatemala, presentamos la obra en una de las facultades de la Universidad de San Carlos. La obra se llamaba El Terremoto, y en ella participaron los campesinos (la mayoría indígenas) de esa comunidad. Fue este un trabajo de creación colectiva, un discurso teatral al que se le incorporaron, en calidad de lenguaje escénico, muchos de los códigos usualmente utilizados por las personas del lugar.

Pues bien, recuerdo que en una de las escenas cumbres, la actriz principal aprovechó una de sus salidas para calmar su sed, se armó de una gigantesca Coca-Cola y entró con ella a escena. Este ruido o interferencia que un elemento no previsto descargaba sobre el discurso no sobresaltó ni a la actriz ni a los demás artistas, ni a la propia audiencia; sucedió como un hecho "natural" que bien pudo haber acaecido durante los momentos trágicos del terremoto.

Estas tres experiencias escénicas plantearon algunas interrogantes, a las cuales he tratado de responder:

A. En primer lugar, no creo que para los sectores mayoritarios de la población (incluyendo a las mayorías y minorías étnicas) la identidad exista como un concepto, ni como formulación encerrada en un signo lingüístico. Nuestros pueblos no podrán considerarla como tal porque el concepto y el signo que la encierran implican una estratificación que vendría a negar la razón misma de la cultura, es decir, su naturaleza viva.

B. En los pueblos realizamos o hacemos cultura diariamente, y esta se asume como un sistema abierto, dispuesto a ser modificado siempre. Por otra parte, los sectores llamados populares no suelen preguntarse si son "idénticos" o no; ellos simplemente son, y en este permanente ser y estar van conformando sus respuestas, según las necesidades que les impone la misma existencia.

Por tanto, sin preguntarse por su origen, absorben, reelaboran y adecuan todo aquello que se considera necesario para mejorar o modificar no solamente las condiciones materiales, sino las representaciones que se relacionan con su universo simbólico. De esta manera, se hace uso inclusive de aquellas formas que les han sido impuestas por sus mismos opresores, incluyendo las imposiciones de la tecnología y la economía de consumo.

En efecto, no existe rincón del mundo (y si existe lo desconozco) que no haya sido penetrado, o no esté siendo penetrado por los productos de la tecnología y la economía moderna. La presencia de este hecho real en la vida de los hombres no significa, por supuesto, que lo aceptemos como una fatalidad, pero sí habría que considerarlo en cualquier trabajo con el cual se pretenda estudiar o "rescatar" la "identidad". Los productos de la economía moderna se han metido en casi todos los rincones de la tierra, y algunos de ellos han sido incorporados por los sectores populares a su mundo, en forma tal que, feliz o infelizmente, ya forman parte de su "identidad".

B. La tradición y la cultura popular no necesariamente forman parte de un mismo hecho; lo uno no siempre es sinónimo de lo otro. ¿Cómo hacer, entonces, para determinar lo que sería lo popular? Respondo con una buena síntesis del Antropólogo García Cancline:

"Lo popular se determina no por su origen, sino por su uso; habría que tomarlo como hecho y no como esencia, como posición relacional y no como sustancia. No es el arte popular un conjunto de objetos sino una posición y una acción".

Otras consideraciones complementarias

Durante la redacción de este texto, en las ocasiones en que me he referido al término "identidad", lo he entrecomillado por la razón de que nunca me he sentido a mis anchas con su empleo. Retomando lo ya mencionado, me ha parecido que dicho término connota ideas de rigidez y permanencia, lo que en verdad es contrario a la profunda esencia de la cultura, la cual no permite ser encasillada en ideas ya fijadas en signos.

También me cuesta aceptar, o más bien hacer depender el valor de una obra de arte del grado de relación que ella puede tener con la "identidad". El valor de aquella como tal no puede ser medido por esa clase de parámetros. Tan "idénticos" lo han sido el "inescrutable" César Vallejo[8] como el popular Neruda, o el "provinciano" Medardo

---

[8] César Vallejo. (1892-1938). Poeta y escritor peruano.

Mejía[9] como el mundano Heliodoro Valle[10], o la artesanía rural como la urbana.

La apreciación que se tenga o el valor que se les otorgue a los trabajos artísticos no puede estar en relación con una cuantificación del grado de "identidad" personal o estilística que estos hayan logrado con su contexto social. En algunas ocasiones, ciertos artistas saben expresar mejor su "identidad" distanciándose de ella.

Un hecho que preocupa es la relación que se ha venido estableciendo entre el objeto artístico y la tecnología. Parece ser que nos quieren hacer marchar por una ruta en la cual el artista vendría a ser un fragmento del proyecto tecnológico. Un universalismo deformado que pretende la producción de formas exactamente iguales a las generadas en las sociedades hegemónicas, lo cual, como bien lo señalara Marta Traba, "terminaría con una inexcusable abdicación de la actividad creadora... en donde quedará cancelado el poder de significar y comunicar, perdiendo así (el arte) su función indagatoria y requisitoria".

Si este totalitarismo de la tecnología continúa su curso agresivo, la lucha por la cultura y su "identidad" no sólo será necesario librarla en los países dependientes; también se extendería a toda la humanidad, amenazada en sus derechos esenciales por un poder sin rostro, casi invisible.

La "identidad" (u otro término más apropiado que algún día se encuentre) vendría a convertirse en un "slogan" que recogería en su interior una aspiración tan universal como la libertad.

En este sentido, me parece que los pueblos del Tercer Mundo, por las características de nuestras contradicciones, podríamos convertirnos en los abanderados de esta lucha que va al encuentro de una sociedad humanizada y creadora. El esfuerzo que hemos venido realizando desde hace un buen trecho de tiempo, en última instancia, es un acontecimiento que concierne e interesa a los sectores mayoritarios de la población del mundo.

---

[9] Medardo Mejía. (1907-1981). Poeta, historiador, dramaturgo, ensayista y periodista hondureño.
[10] Rafael Heliodoro Valle. (1891-1959). Poeta, historiador y periodista hondureño.

De esta suerte, aunque el concepto, cuando con él se quiere hacer referencia a la creación artística o a un hecho cultural cualquiera, me parezca inadecuado, es evidente, en cambio, que como "slogan" podría cumplir una función política de vastísimos alcances.

EL CUENTO DE LA IDENTIDAD EN HONDURAS
(I PARTE)

INTRODUCCIÓN

Algunos apuntes sobre ese volátil concepto de la identidad:[11]

Desde hace largo tiempo, hemos venido sosteniendo que nuestra sociedad, la hondureña, como cualquier otra, contiene (y ha contenido siempre) perfiles, signos, usos, costumbres, etc., que la singularizan. Cuando se dice que aquí "somos diferentes", se está en lo cierto, como lo estaría cualquier otra afirmación similar aplicada a otro grupo social.

Hemos afirmado también que todo grupo social, por serlo, es portador de una cultura, puesto que esta es el resultado no de abstracciones idealizadas, sino de las manifestaciones concretas de la vida. El hecho de que estas formas con las que la cultura se expresa estén invisibilizadas para los otros, o bien que no encajen en patrones generalmente aceptados en relación a lo que se entiende por signos identitarios, no significa que se carezca de "cultura" y, por tanto, de "identidad".

A esta "identidad" no pueden atribuírsele signos de permanencia inalterable, porque ello equivaldría a condenar las formas en que la cultura se expresa a una repetición mecánica y estéril que termina por despojarla de su aliento vital. Una de las características especiales de la cultura, justamente, es la de estar en constante movimiento y transformación; cambios y transformaciones que se operan sobre la base de lo que ha sido, de lo que se es y de lo que se espera ser.

Sobre el empleo del término "identidad", he señalado que habría que encontrar otro que traduzca más claramente lo que con él se pretende significar, puesto que este, por su misma ambigüedad, suele

---

[11] Texto solicitado por la Organización de las Naciones Unidas (ONU). Algunos resúmenes se publicaron en Diario La Tribuna, Tegucigalpa, el 4 y 8 de septiembre de 2004; en Diario Tiempo de San Pedro Sula el 27 de agosto de 2005.

emplearse de manera confusa y hasta arbitraria. Parecería que cualquier cosa cupiera en ese término. Se le utiliza a menudo, por ejemplo, como consigna política sin considerar los préstamos, los tejes, entretejes y contradicciones que se establecen casi continuamente en el campo de la cultura y en el intercambio de sus bienes. En ocasiones, se le enarbola desde posiciones humanistas, y en otras se le alza para defender y rescatar "tradiciones" negadoras de la libertad y la dignidad humana. Con ella se suele azuzar el más regresivo y pedestre chauvinismo, y al mismo tiempo puede darnos la clave para comprender las inevitables relaciones que tenemos con "el otro". En ocasiones, la defensa de la "identidad" se convierte en un frente de batalla contra "lo moderno", lo cual —si no fuera por la inocencia o la buena intención "romántica" que la anima—, pensaríamos que un nuevo fundamentalismo, el cultural, se nos viene encima.

En nuestro país, últimamente se ha desatado una cierta fiebre por el rescate y defensa de la "identidad", y en pos de ese empeño se corre el riesgo de caer en posiciones tan idealizadas como aquella del regreso a una supuesta "felicidad y gozosa inocencia" en la que vivían nuestros ancestros prehispánicos[12], lo cual, como toda persona debe saberlo, no fue tal. Nuestros ancestros indígenas también hacían guerras, mataban, torturaban, esclavizaban y eran, a su vez, esclavizados.

Hasta rescatar el juego del "enchute", así como revalorizar al mondongo y al tamal como la culinaria "auténticamente nacional", se han convertido en batallas por la "identidad", lo cual no es del todo malo si con ello se lograse atajar el veneno globalizado que contienen las comidas rápidas ("fast food"), y si se lograse rescatar el sentido lúdico y la imaginación de aquellas niñas y aquellos niños cuya capacidad de crear por sí mismos está siendo reducida a cero por los mismos medios de comunicación que, con "afán patriótico", ayudan a "rescatar lo nuestro".

Lo que habría que aclarar, en todo caso, es que esas comidas y esos juegos no son del todo "auténticamente nuestros", sino que

---

[12] Ver Filander Díaz Chávez: "Las raíces del hambre y de la rebeldía a la explotación". Un ensayo sobre la pereza, páginas 8 y 12. Imprenta Calderón, Honduras, 1962.

surgieron a la vida como producto de cruces en los que intervinieron culturas diversas, y en algunos casos hasta culturas en conflicto.

Es bueno recordar que uno de los elementos más representativos de una cultura es su culinaria, y en el caso nuestro, muchos de los elementos que la integran son producto de la conquista y de la colonización. Así como también varios ingredientes de la culinaria europea —es decir, de los conquistadores— contienen aportes de las culturas indígenas y negras; baste pensar en el maíz, la papa, el chocolate, etc.

Lo que es evidente es que el término está siendo tan usado y manoseado en los tiempos actuales, que se corre el riesgo que termine por convertirse en un concepto difuso y sin sentido. Quizás sea necesario encontrar otro que pueda indicar con más precisión las contradicciones que en el campo de la cultura se están dando en el mundo actual. En este sentido, lo que habría que tener siempre presente es lo equivocado que puede ser el hecho de encajonar los términos de "cultura" y su "identidad" —los cuales caminan al mismo paso que la vida— con criterios estratificados o idealizados.

En relación con los estudios y discusiones que desde hace más o menos tres décadas se vienen realizando, en ciertos círculos, sobre la problemática de la "identidad cultural", puede advertirse que las mismas les son casi totalmente ajenas a los sectores mayoritarios de la población. Este asunto es quizás un problema más de académicos y de ciertos sectores sociales reducidos, que del "pueblo, pueblo".

En efecto, los sectores que conforman este último, en el proceso de sus propias vivencias, no suelen preguntarse si lo que hacen o lo que piensan responde a actitudes vinculadas o no a la "identidad". Ellas y ellos simplemente hacen y son. Y es así porque las formas culturales —sin preguntar sobre su origen— las gentes se las apropian o las reelaboran en la medida que son útiles para colmar sus necesidades y expectativas, tanto materiales como espirituales. Esa es, y ha sido siempre, la lógica de la vida en todos los tiempos, en todos los espacios, en todas las culturas. Sobran los ejemplos que dan cuenta de este hecho.

RASTREAR LA HISTORIA PARA MEDIO COMPRENDER

"El que no observa a un pueblo más que en su actual posición es como el que no ve a un hombre más que en un acto solo de su vida. Para conocer a un hombre es preciso verle en todos sus períodos, y para conocer a un pueblo es necesario observarle en todas las épocas de su historia".

José Cecilio del Valle

Durante mucho tiempo —demasiado, quizás— los estudios e investigaciones sobre el período colonial en la provincia de Honduras fueron, si no inexistentes, al menos muy escasos. Recientemente, sin embargo, algunos investigadores han abordado el tema fundamentados en documentos de la época, a través de los cuales podemos darnos una idea de lo que fueron esos tres siglos que en una ocasión denominé el largo bostezo colonial. Conocer lo que fue la vida social e individual de ese período es un asunto de particular interés, puesto que, en cierta medida, parte de la "identidad" que ahora portamos la mayoría de las hondureñas y hondureños empezó a fraguarse en esa época. Esos tres siglos no podrían haber pasado en vano.

Es cierto que esos informes y documentos, al estar elaborados por autoridades hispánicas —es decir, por parte interesada—, corren el riesgo de asumir posiciones parciales. Pero aun así, pienso que si a ciertas de esas informaciones se les liga con los acontecimientos sucedidos durante la época republicana, constataremos que buena parte de lo que en ellos se consigna no carece de fundamento.

En esos documentos existen bastantes puntos de coincidencia en cuanto a señalar la singularidad de ciertos eventos que le acaecieron a esta provincia. Se da cuenta, por ejemplo, del carácter particularmente anárquico y turbulento de lo que fue el descubrimiento, la conquista y los primeros cincuenta años de la colonia; de su difícil geografía y, en consecuencia, la imposibilidad de penetrar totalmente su territorio; de su alarmante y precipitado despoblamiento y su corolario: escasez de mano de obra para la producción, y por ende, la renuencia de los españoles a quedarse en "esta tierra desventurada"; la diversidad de lenguas —derivadas de familias troncales diferentes— y tribus que en ella habitaban, y la ausencia de hegemonía de ninguna de ellas; de lo aislado de la provincia y de lo incomunicado en que se encontraban sus diversos poblados; de la corrupción de las autoridades; de su pobreza secular; del surgimiento del mestizaje y de la mayoría alcanzada por la población mestiza, particularmente de la mulata (el mulataje).

DESDE EL INICIO FUE EL CAOS, LA CORRUPCIÓN Y LA POBREZA

Desde el inicio todo parece haber sido particular y hasta insólito en esta provincia de Honduras. Lo que sucedió, en relación con sucesos sociales, políticos y económicos, al menos en el área de Centroamérica, contiene sesgos y perfiles tan diferentes a los de otras comarcas coloniales, que desde entonces nuestra historia ha sido marcada por una cierta singularidad que "desentona".

Para lo que interesa en este trabajo, nos detendremos particularmente en el fenómeno del mestizaje, no sin antes tocar, de pasada, otros acontecimientos que de una u otra manera se relacionan con aquel. Entre estos últimos merecen atención especial el despoblamiento de la provincia, la violencia, corrupción y desorden que marcó la conquista y la administración colonial, y el crónico estado de pobreza en el que se vivió desde el inicio hasta el fin de la época "civilizatoria".

La matanza y el robo entre los mismos conquistadores que invadieron la provincia fue uno de los más "irracionales" del continente. Se hizo gala de una violencia poco comprensible para un territorio (o quizás debido a la "influencia telúrica") "áspero y fragoso", "doblado y montoso". Y que si bien, al inicio, como presa de conquista, había generado ilusiones doradas en los invasores, no pasó mucho tiempo para que se develaran sus limitadísimos recursos.

Cuatro o cinco conquistadores, enemigos entre sí, entran a la provincia amparados en títulos otorgados por "autoridad competente" y se baten como bestias. El caos fue tal, que en 1542 la provincia tuvo tres gobernadores al mismo tiempo (Joya, 1992.138).[13]

La "legalización de la nueva propiedad", de títulos opuestos sobre la misma propiedad, por lo demás, ha sido y continúa siendo un hecho recurrente a lo largo de nuestra historia. El actual desbarajuste de esta

---

[13] Tal como siendo ya "república", en Honduras tuvimos debidamente legalizados tres presidentes simultáneos en un mes.

titularidad se "inspira" en el secular desorden instalado desde la administración colonial.

En 1536, Andrés de Cereceda informa a la Corona que:

"Poca gente se queda aquí, pues los más se van a Guatemala, Nicaragua o Perú (...) pues a muchos les parece poco el oro que se sacaba y, además, tenía los inconvenientes de las constantes peleas entre los conquistadores."

En otro informe anterior (1530) señala:

"Poner orden (...) Ningún año pasa sin dos o tres sublevaciones (de españoles) contra la justicia real. La anarquía reinante de esta pequeña población llega a extremos (...) hasta el escribano del gobernador se sentía libre de hacer todo tipo de atropellos y falseaba los escritos y cuentas del gobernador (...) ignorándole este (el gobernador) por necesidad. (...) De manera que el que ha de castigar los vicios es maestro de ellos." (Joya 1992.124).

Como comentario al margen de lo que Cereceda señaló en aquel lejano año de 1530, podría parecer algo así como una ficción en la que una máquina del tiempo nos hace ver que, en lo que a corrupción se refiere, durante quinientos años, lo de antes continúa siendo como lo de ahora.

En cuanto a las cifras que arroja el despoblamiento indígena, no dejan de consternar, a pesar de lo mucho que se ha dicho y escrito sobre el genocidio perpetrado en América. En 1530, Andrés de Cereceda y, en 1547, el obispo Pedraza informan que:

"Vasco de Herrera le había hecho la guerra a los indígenas de Trujillo y había esclavizado tantos que, en pueblos que anteriormente tenían 1,000 almas, quedaron apenas 30, y que en los alrededores de Trujillo, pueblos con una población de varios miles habían sido reducidos a 150 o 180 personas (...) Un pueblo de 900 casas —señala Cereceda— había sido despoblado a tal punto que la única sobreviviente era la hija de un cacique que se había escondido debajo de un bote (...)". Por su parte, el obispo Pedraza relata: "Cuando Cereceda entró al valle de Naco había entre 8,000 y 10,000 hombres, pero para 1539 quedaban apenas 250. Para 1586 la gran provincia de Naco había sido reducida a menos de diez indígenas." (L. Newson 1992.181).

La misma autora (L. Newson) a manera de conclusión asevera que:

"En el occidente y centro de la provincia se produjo una reducción de indígenas del 95 %, y en la parte oriental de un 33 al 50 %, siendo esta una proporción más alta que la registrada en los estados de la Sierra Central de México y en los Andes Centrales. También es una proporción mayor que la de otros cacicazgos, como el de los chibchas." (L. Newson 1992.486).

En cuanto al estado crónico de la pobreza que envolvió, desde el inicio hasta el final, la vida de la provincia, abundan los documentos que dan cuenta de ello:

El religioso dominicano Thomas Gage, en su viaje por Honduras en 1630, señala:

"Esta provincia, llena de bosques y montañas, es muy mala e incómoda para el viajero y, además, muy pobre, no habiendo allí otras mercancías que cueros, cañafístula y zarzaparrilla (...) En Comayagua, sede del obispado, no hay en el lugar más de 500 habitantes (...) Me di cuenta de que ese país es el más pobre de toda América." (de Dáns, 2002.90).

A casi tres siglos después del informe anterior, el gobernador intendente Juan Antonio de Tornos señala en 1816:

"La extensión de la provincia es extraordinaria respecto a su población, que aproximadamente ascenderá a cien mil almas (...) siendo muy corta la de los españoles, y mucho mayor que esta y la de indios, la de las llamadas castas, que abarca negros y mulatos (...) Es tal la miseria de la provincia (...) que no pueden dar de comer a estos jueces (...) A doscientos noventa y dos años de conquistada esta provincia de Honduras, **difícilmente podrá creerse su atraso en el cultivo y labranza de la tierra, siendo tal la fertilidad de esta** (...) pero son casi invencibles la pereza y desidia de sus habitantes (...) Industria: Si expusiere a V.E. que es desconocido hasta este nombre en esta provincia (la palabra industria...) entre todos los oficios necesarios para la vida cómoda no se conoce un solo hombre que pueda llamarse maestro". (Leiva 1991.303).

LA COLONIA: UNA EMPRESA MERCANTIL FRACASADA. LA GRAN COPULACIÓN. SURGEN NUEVAS FORMAS CULTURALES

Treinta y cinco años antes de la independencia, es decir, en 1789, el obispo Cadiñanos señala:

"De hallarse tan separados unos fieles de otros, metidos en lo más oculto de las montañas y retirados de los pueblos, se origina el vivir totalmente abandonados a la ociosidad y encenegados en los más abominables vicios. Los amancebamientos públicos son en número excesivo, los pecados de incesto hasta en los grados más prohibidos son muchos (...) el odio y aborrecimiento que tienen a la observancia de los preceptos divinos, reales y eclesiásticos es constante (...) la ninguna utilidad que estos vasallos resultan a V.M. ni a la república se deja conocer (...) por todas estas razones, y por hallarse la provincia en el más infeliz estado de pobreza, (solicita) que todos o la mayor parte de estos fieles sean reducidos y obligados a vivir en poblados." (Leyva 2003.9).

Parece ser que, desde el inicio hasta el final, la autoridad que representaba al Estado español se caracterizó, cuando llegaba a ejercerse, por la debilidad o la indiferencia. Por ello, las leyes que prohibían a los peninsulares vivir en los reductos indígenas (y a la inversa) nunca fueron cumplidas. Se podría pensar que esa indolencia o esa debilidad pudieron deberse al poco interés que esta provincia ofrecía.

En efecto, Centroamérica fue desde siempre la más pobre y aislada de las provincias de la colonia, y Honduras fue la más aislada dentro del aislamiento y la más pobre entre las pobres. Para el afán de lucro que la empresa —eso es lo que fue— conquistadora y colonizadora llevaba implícita, esta provincia era de poco interés.

Es fácil imaginar que desde entonces, para los peninsulares, viajar a ella podría ser algo así como la última alternativa o, bien, exagerando un poco, algo parecido a un castigo. Esta provincia incógnita y remota en aquella época, igual que ahora, podría parecer algo así como el Macondo que describe García Márquez en las últimas páginas de su novela. A estas tierras no arribaba nadie, y quienes lo hacían venían como funcionarios de muy bajo escalón, con muy raquíticos salarios en comparación con los que se ofrecían en otras regiones, o bien como religiosos enviados por la autoridad hacia esta tierra "impenetrable". No es descartable tampoco que esta provincia (tal como continúan siéndolo varias regiones del país actual), por su aislamiento y remotidad, haya sido territorio privilegiado para forajidos, perseguidos y para espíritus ermitaños poco emprendedores, pero enamorados del aislamiento y de la libertad.

Dadas las condiciones económicas imperantes en la provincia, es dable suponer que lo señalado por el obispo Cadiñanos no solamente sería atribuible a los indios(as) o negros(as), quienes, escapando de los vejámenes sufridos por la empresa de la conquista, se habían refundido en íngrimas soledades. Como la empresa colonizadora desde sus inicios estuvo signada por el fracaso mercantil, a muchos y muchas personas peninsulares les había tocado también ser "pobres de nación".

Según Linda Newson:

"A principios del siglo XIX únicamente el 32 % de las familias de españoles vivían en los pueblos, y de estos apenas un tercio residía en Tegucigalpa y Comayagua. En la capital de la provincia eran pocos los españoles que vivían allí, y estaban reducidos a vivir de la caridad". (Newson 1992.242).

Y es que, por la falta de medios para poder generar riqueza en los poblados, se produjo una migración hacia espacios más rurales todavía —y señalo el término "más" porque los diminutos poblados nunca dejaron de serlo. Entre estos migrantes, algunos fundaron haciendas, otros fueron a vivir a los pueblos de indios, y muchos se asentaron y refundieron en parajes distanciados.

En cuanto a aquellos que fundaron haciendas, la mayoría, siendo tan escasa la actividad mercantil, vivían prácticamente (tal como ahora lo hace una gran parte de la población) en una economía de "semisubsistencia".

Era imposible reconocer "lo que era una república rural española y una república rural indígena" (L. Newson, 1992.286).

Pero no solamente indígena, agregamos nosotros, sino que era imposible reconocer la prevalencia de ningún color y, sobre todo, de ninguna cultura entre las tres primarias que intervienen en el rostro del mestizaje.

EL CIMARRONAJE; EL AMANCEBAMIENTO (LA CHANFAINA)

Desde muy pronto, la mayor parte del territorio y de sus gentes se había convertido en un gran caldero en el que se cocinaban pan, maíz, carnes, vísceras y pezuñas. Este plato (al cual le falta cocción todavía) se caracteriza por ser pobre y democrático, ya que ninguno de sus ingredientes prevalecía sobre los otros. El amancebamiento y "el libertinaje" con que se mezclan sus ingredientes no fueron la excepción, sino la norma. Señalaremos de paso que, hasta hace algunos años, con frecuencia se consumía en Honduras un plato dominguero que era más o menos síntesis de esos ingredientes y al cual, en algunas regiones, se le otorga el significativo nombre de Chanfaina.

Puede decirse que para todas y todos (blancos, indígenas, negros), vivir en la más confinada de las provincias les significó un quiebre, una ruptura, una nueva vida, de cuyos fundamentos se irían tejiendo las bases de su futura identidad. Indios(as) y negros(as) huyen, se esconden y trabajan cuando les da la gana; los blancos empobrecidos, por su parte, se desplazan, migran, y en un solo festín nucleado a través del cuerpo y sus memorias se juntan, se amanceban.

El resultado de esa democrática copulación se le verá muy pronto: crecerá tan rápidamente que, a mediados del siglo diez y siete, esos descendientes de público concubinato empiezan a convertirse, numérica y culturalmente, en el segmento poblacional preponderante con la decisiva particularidad, además, de que la mayoría de ellos y ellas crecerán, y vivirán deseando, añorando o rechazando, a la ausente figura del "pater".

Es la mujer, desde entonces, quien medio "estabiliza" y sostiene. Ese sigue siendo el caso, por lo demás, de la mayoría de la población actual y una de las razones que podrían explicar la génesis y la vigencia del machismo de antes y el de ahora.

Sea como fuere, acomodándose y acoplándose sin ley y sin orden, aislados en minúsculas comarcas distanciadas entre sí, el mestizaje irá tejiendo una cultura muy próxima a la cimarrona. Al final del periodo colonial, el 80 % de la población vivía prácticamente en cimarronaje, es decir, libres, sin autoridad que no fuera la que ellos y ellas mismas se ofrecían, sin sentirse parte de las estructuras administrativas, políticas o económicas de los "civilizados". Esto es lo que Cadiñanos califica en su informe como irracional. Irracional, por supuesto, según "una lógica" incapaz de comprender que esa cultura del "concubinato" y "amancebamiento" (figuras estas que continúan predominando en el país) respondían a su propia lógica, portaban su propia racionalidad.

Es desde esa simiente libertaria de donde comenzaron a fraguarse una buena parte de los signos con los que una gran mayoría de hondureñas y hondureños, antes y ahora, nos manifestamos y expresamos. En ese fogón en el que caldearon "sangres revueltas" (expresión de Marcos Carías Z.) brotarían las líneas que terminarían por dibujar nuevas formas, actitudes y visiones. Al surgir el "ladino" y el mulato como entidades, surge un nuevo lenguaje mediante el cual se irán creando nuevas sintaxis, diferentes articulaciones y propuestas para percibir, concebir y manifestar el espacio, el tiempo, las emociones, la moral, las relaciones, el gesto, el Eros, la razón y la lógica, la vida y la muerte.

El mestizaje, en síntesis, es creador de una nueva cultura, diferente y a la vez parecida a las anteriores de las cuales surge, y cuyas manifestaciones nucleares —aunque ello pueda parecer contradictorio con su posterior historia sangrienta— son la opción libertaria y un sentido lúdico de la vida. El cuerpo y el gesto, como depositarios de la memoria y vehículos para expresar —en sustitución de la palabra escrita— lo que se siente y se piensa, es otro de sus acentos significativos. En este caso, no ha sido el verbo lo primero, ni la "lógica" occidental el único vehículo.

Posteriormente apuntaremos otras reflexiones que aluden a la cosmovisión que sobre varias esferas de la vida y de la muerte han ido surgiendo en ese proceso que dio origen al mestizaje, y el cual, a lo largo y ancho, continúa hirviendo a todo vapor. Esas reflexiones, emanadas —algunas de ellas— de hipótesis intuitivas, las iremos insertando al continuar discurriendo en el desarrollo de este artículo, el cual se encuentra casi instalado ya en el periodo histórico que corresponde a la separación política de la provincia de su ya casi agonizante vínculo con la metrópoli.

Antes de ello, sin embargo, otra aclaración previa sobre lo que precedentemente hemos venido hilvanando.

Dado el fracaso mercantil de la empresa colonial, donde nada o poco se movía, es fácil imaginar que esta provincia vivió, al menos durante doscientos cincuenta años, en un letargo que ha de haber parecido interminable. Sin embargo, y por desgracia, esas montañas de pasividad y energía acumulada durante tanto tiempo terminarán por desatarse con pasión destructiva e inesperada, apenas pocos años después que un sagaz observador español había informado —a diez años de iniciarse las montoneras— que:

"El carácter de los habitantes (de Honduras) es dócil y sumiso, pero más inclinado al ocio que al trabajo." (Leyva 1991.293).

Cuán difícil, me digo, es penetrar lo que adentro está en estas confinadas Honduras, víctima frecuente de juicios tan ligeros como el del "enviado especial" y gobernador intendente Juan Antonio de Tornos en 1816.

LA MODERNIDAD, LA NACIÓN, EL ESTADO

Cuando en los tiempos de la modernidad surgen en algunos países europeos los nuevos proyectos de nación y de Estado, es porque los mismos se han vuelto necesarios para amplios sectores de la población y, además, porque existían ciertas condiciones que los hicieron posibles. En efecto, la existencia de un cierto mercado nacional era una realidad, así como la presencia de una clase hegemónica (la burguesía) con el suficiente poder para articular, muchas veces por la fuerza, las diversas partes en un todo. Así lo exigían las leyes del mercado de aquel entonces.

Asimismo, a nivel cultural, se dio una cierta homogeneización y una tradición compartida durante muchos siglos, lo que posibilitó que diversos componentes pudiesen articularse para dar origen a una nueva entidad denominado Estado Nación.

Este cambio histórico, como todos los cambios profundos, no se realizó sin conflictos ni vicisitudes, pero al final las demandas y exigencias de las nuevas formas productivas terminaron por imponerse. Esas necesidades y exigencias, por otro lado, así como surgieron pueden, a su vez, modificarse, lo que provocaría que el Estado, como se conoció en sus inicios, tendiera a transformarse o simplemente a desaparecer, como parece estar sucediendo en estos tiempos, en los que, por exigencias y necesidades concretas —sobre todo económicas—, se pretende organizar e instaurar una macro sociedad globalizada.

"IDENTIDAD NACIONAL" E "IDENTIDAD CULTURAL"

Los conceptos de identidad cultural e identidad nacional suelen confundirse. Aunque si bien es cierto que en ocasiones se complementan, no por ello significan lo mismo. Lo nacional, como ya se señaló, es una categoría política de reciente surgimiento en la historia, al tanto que la cultura es tan antigua como la historia misma del *Homo sapiens*, y no desaparecerá hasta cuando los seres humanos dejemos de serlo, acontecimiento este último que podría caber dentro de lo previsible.

Elaborar una reflexión entre ambas identidades es lo que nos interesa continuar desarrollando, en el entendido de que con esos términos se alude a la relación entre lo real y lo formal, o entre lo que es un proyecto (nación/estado) y la identidad.

EL PAÍS FORMAL Y EL PAÍS REAL

Gobernar no es copiar las providencias que se dictan en otros pueblos, de climas, modalidad, carácter y hábitos diversos.
—José Cecilio del Valle

En el caso de América Latina, y particularmente el de Honduras, la creación de un Estado y la formación de una nación surgieron únicamente en las mentes de un reducidísimo grupo de personas (los criollos), los cuales, sin contar con el poder suficiente, quisieron aplicar para su beneficio y el de su "patria" ("la patria del criollo"), las instituciones y principios vigentes en aquel entonces en los países más "civilizados" de la época.

De esta forma, sin preguntarse sobre la realidad en la que estaban viviendo, copiaron instituciones, legislaciones, maneras de ver y de pensar, en el supuesto que con las mismas se avanzaría hacia una sociedad más ilustrada, menos injusta, más equitativa. Sin embargo, la realidad en la cual se movía la mayor parte de la población en la provincia de Honduras distaba mucho de estar ni siquiera mínimamente preparada para asimilar los discursos con los que se anunciaban las venturosas nuevas surgidas de la Ilustración Europea. No porque esas venturas no se deseasen, sino porque la forma de interpretar la vida y el mundo de esa población, largamente mayoritaria, "no mucho" tenía que ver con la clase social que abanderó el proyecto.

Con pocas excepciones —la de José Cecilio del Valle, por ejemplo—, los primeros forjadores del Estado y la nación en Honduras, para concretar sus objetivos, poco consideraron la realidad de los sectores sociales mayoritarios. Al no atenderla e ignorarla y obstinarse en reducirla a sus propios principios y propósitos, lo que se produjo fueron contradicciones casi insalvables que generaron su ruina o lo inacabado o deforme del mismo. Con frecuencia, las reacciones frente al nuevo orden que se quería implantar fueron "bárbaras" y "anárquicas".

De tal suerte que, desde el inicio de su vida "independiente", se operó en esta provincia de Honduras una separación a niveles abismales entre lo que era el país real y los fundamentos teóricos (jurídicos, políticos, económicos) con los que se pretendieron organizar el Estado.

Cuando, después de 1821, por medio de asambleas y congresos deliberativos, se intenta organizar instituciones novedosas —¿El Estado?— como el ejercicio del sufragio, la libertad del comercio y de los mares, la supresión de impuestos, etc., y se evocan como nuevos paradigmas de la felicidad humana la igualdad, la libertad y la fraternidad, se está queriendo volver "contemporánea", casi de repente, a una sociedad cuya "identidad" (política, económica, cultural, educativa) se encontraba casi totalmente al margen de todo ese proceso que en otras regiones permitió desembocar en la modernidad.

El arribo a la modernidad en ciertos países europeos fue precedido de un largo trayecto cuyos inicios podrían establecerse desde el momento en que ciertos sectores sociales, principalmente los comerciantes que habitaban los "burgos" (las ciudades), empezaron a adquirir poder. Este poder económico terminaría por romper las estructuras del régimen jerárquico, vertical y cerrado en el que se asentó durante más o menos ocho siglos la cosmovisión feudal del universo.

Ese movimiento, que llevaría al poder político a la nueva vanguardia —la clase burguesa—, estuvo marcado por grandes conflictos, guerras, transformaciones científicas y culturales profundas, apertura de espacios, acumulaciones de capital, etc. Generalizando un poco, esa época significó un camino abierto hacia la libertad individual y colectiva, al tiempo que magnificó el uso de la razón y el conocimiento como unos de sus principales fundamentos.

El saber, desde entonces —y no desde ahora, como se está pregonando en lo que han dado en llamar la época posmoderna—, se convirtió en una de las sustentaciones del nuevo poder económico, el que a su vez requirió de prolongados regímenes despóticos, aunque "ilustrados", para afianzarse. Esta nueva era generó, en síntesis, sus propias estructuras, su propio imaginario, sus símbolos, su propia cultura, todo ello acorde con esa nueva realidad que había sido forjada.

En nuestra comarca, en cambio, aunque llegaban coletazos de lo que estaba sucediendo en otras partes de la Tierra, poco o nada la vinculaba a ese mundo externo, salvo el hecho de haber estado atada, en calidad de colonia, a uno de los países europeos, el cual, por lo demás, se encontraba atrasado o rezagado en relación con las buenas nuevas edificadas, lanzadas y abanderadas por Inglaterra, Francia, Holanda y otros países.

André Marcel D'Ans resume, en cierta medida, el estado social de la provincia de Honduras al arribar al momento de la "independencia":

"Geográficamente desarticulada, subocupada, poco poblada, hombres de magros recursos, desperdigados en núcleos de población aisladas, privados de tradiciones culturales y generalmente ignorantes debido a la inexistencia de un sistema público de educación (...) se heredan unos mosaicos de comarcas muy contrastadas que se ignoraban entre sí." (D´ans 2020.106).

Lo que el autor señala es del todo cierto, salvo en la apreciación referida a la "ausencia de tradiciones culturales". Así como algunos de los criollos que tomaron el poder en la nueva nación, él asume que las tradiciones culturales "de verdad" son aquellas en las que se fundamenta la cultura occidental.

En tal sentido, habría que volver a señalar lo que se ha venido repitiendo: en esta parte del mundo se gestaron formas y tradiciones diferentes, con sus propios códigos y estructuras, y por el hecho de que no se parezcan o no encajen e incluso que corran a contracorriente de las de los "otros", no significa que no hayan sido y que no continúen siendo.

Volviendo al tema y acorde con la perspectiva que la élite criolla asumió sobre la formación de un nuevo Estado y el lineamiento de una nación, es evidente que lo que se produjo fue una fisura provocada por la intención de querer "encorsetar" una realidad, o unas realidades, a las cuales la mayoría de la población no tenía ningún arraigo. Lo que se dio en ese caso fue un vacío de pertenencia. Puede decirse que las condiciones no estaban dadas para levantar el edificio.

LO QUE GARCÍA GRANADOS PUDO OBSERVAR SOBRE LAS OREJAS DE ALGUNOS DE LOS PRÓCERES

Se han señalado algunas de las particularidades, tanto políticas, económicas como culturales, que marcaban la vida social de Honduras en aquel entonces, pero para abonar en algo más lo que hemos venido sosteniendo, lanzaremos una mirada a la educación formal en la provincia, tal como lo hizo el obispo Alonso de Vargas y Abarca en 1639, cuando apuntaba que:

"Y porque aún es más necesario en las ciudades, sabrá nuestra majestad que en toda la provincia no hay ciudad que pueda sustentar un maestro de escuela, ni tienen con qué pagar los niños de los españoles." (Leyva 1991.200).

Y más adelante, casi dos siglos después, en 1816, el ya mencionado Juan Antonio de Tornos apuntaba que:

"La educación (en la provincia) está en el último punto de abandono." (Leyva 1991.293).

Por su parte, Miguel García Granados, criollo ilustre, quien para Ramón Oquelí "fue el alma de la reforma liberal que inflamó los dormidos ánimos de Centroamérica", nos dejó en sus memorias algunas observaciones y reflexiones sobre los actores principales del hecho independentista:

"La propiedad territorial pertenecía, en su casi totalidad, a las antiguas familias del país, personas por lo común ignorantes, pero con humos de nobleza, bien que, en algunas, la raza africana asomase en la punta de la oreja; en muchas de estas familias, su lenguaje era tan vulgar como en la clase más ínfima del pueblo". (Oquelí, 1991.57).

García Granados hace alusión a lo que él pudo observar en la ciudad de Guatemala. Ahora bien, si las cosas eran así en la capital, ¿cómo habrán sido, nos preguntamos, en provincias como la nuestra, la más olvidada de todas y en donde la raza africana no asomaba en algunas orejas, sino en la mayoría de ellas?

Querer en semejante país —continúa García Granados—:

"Establecer una república democrática y ultra liberal bajo el sistema complicado y peligroso federativo fue, de todos los desatinos políticos, el más grande que se pudo imaginar. Por lo demás, yo estoy persuadido de que los hombres de que podía disponer el país no eran competentes para organizar el edificio social cual se tenía en mira. Había, en verdad, algunos pocos con talento, y otros a quienes no les faltaba instrucción, aunque esta fuese incompleta; pero eran teóricos y más o menos ilusos, con falta de experiencia política, y por lo tanto incapaces de conducir al país por la senda de la libertad". (Oquelí, 1991.57).

La carencia de conocimientos era tal que, para administrar el dominio público, el 28 de agosto de 1834 la asamblea ordinaria de Honduras decretó que los servidores públicos:

"Tendrán que conocer la aritmética, por lo menos hasta la aplicación de una regla de tres". (D´ans, 2002, 143).

El decreto en cuestión, obviando su sentido excluyente al dejar por fuera a casi toda la población de la posibilidad de ser funcionario de la administración pública, podría continuar siendo útil todavía, si consideramos que una buena cantidad de los funcionarios actuales ignoran, con seguridad, esa famosa regla de tres.

Por su parte, una de las más admiradas personalidades no sólo de su época, sino de toda nuestra historia, don Dionisio de Herrera, nuestro primer Jefe de Estado, desesperado quizás por la evidencia de unos hechos que contrariaban sus ilusiones, su pasión y sus sueños, sentenciaba en 1826 que:

"No hay país en el mundo donde haya más apatía, más pereza en los negocios y menos espíritu público que en Honduras". (Oquelí 1991.40).

EL LIBERALISMO EN ACCIÓN: MORAZÁN Y LA IDENTIDAD

En relación con la participación de la mayoría de la población en los sucesos políticos que dieron pie a la separación de Centroamérica frente a España, García Granados señala que:

"El pueblo no tomó ninguna parte en aquel movimiento al cual se mostró verdaderamente indiferente." (Oquelí, 1991.55).

Sobre esto último, no creemos que esa indiferencia haya sido tan absoluta. Baste recordar que "un hijo del pueblo", el negro Vicente Artica, en 1812 en Tegucigalpa fue quizás el primero en lanzar un grito de rebeldía al exclamar en público: "¡Viva Francia, muera España!", acción por la cual fue castigado a recibir en plaza pública 200 azotes. Como el de Artica, otros hechos similares han debido registrarse en las otras provincias que formaban parte de la capitanía.

Estas excepciones, sin embargo, no contradicen la afirmación de García Granados en el sentido de que a la inmensa mayoría de la población los actos que posibilitaron la independencia, tal como se dice ahora, les "valieron"... Esta actitud del *me vale* será, por lo demás, una constante de las gentes frente a la gestión pública posterior, excepto en aquellos momentos en que entraba en juego algún privilegio personal que del Estado-Gobierno pudiera derivarse.

En el caso de que nuestras apreciaciones tengan algún fundamento, una pregunta, sin embargo, obliga: si es cierto que "la apatía", "la indiferencia" y el *me vale* frente a las instituciones y la gestión pública reinaban desde siempre, ¿cómo entonces explicar la gesta morazanista? Un empeño como el del héroe, en efecto, hubiese sido imposible de llevar a cabo si su proyecto no hubiese sido compartido por amplios sectores sociales. Y es en este sentido que quisiera aventurar una hipótesis:

Podría ser que esa apatía o desidia, de la cual se han venido haciendo señalamientos desde la época colonial hasta ahora, no respondiera al carácter "dócil y sumiso" del que hablaba el gobernador intendente Juan Antonio de Tornos en 1816 ni a la indiferencia que señala García Granados en sus memorias. Más bien —creemos— esos comportamientos respondían a una manera de saber "hacerse el tonto o el pendejo". Es decir, una simulación o una forma de esconderle "al otro" lo que estaba hirviendo o gestándose en las conciencias, para después explotar, cuando la ocasión fuese propicia, con una energía desatada a niveles casi de vértigo. Esa ocasión se las brindó no la teoría, sino el liberalismo en acción. La simulación se bordaba con tan buena forma que nadie sospechó en ese entonces que esos hombres y mujeres, considerados y consideradas pocos años antes por el gobernador intendente como cosa inerte, acompañarían la epopeya del General hasta la muerte.

Por su propia esencia y dinámica, esa cultura del mestizaje (en la que se incluye al mulataje) que aquí se fraguó, aunque disimulada frente a las autoridades, desde un inicio fue abierta y liberal, entendido este último término en su más amplio sentido, sentido que supo encarnarse, en su momento cúspide, en el gran "riflero mayor", nombre este último acuñado por Filander Díaz Chávez en uno de sus apasionados trabajos sobre el Héroe Mártir.

En esta nuestra provincia de Honduras, utilizando también el término con su mayor amplitud, no se formó la suficiente "tradición" como para nutrir, ampliamente, mentalidades tradicionales. ¿Qué tradición debía conservarse? Muy poco o nada, ya que la única viviente, si así puede llamarse, fue la del mestizaje cimarrón.

El liberalismo en acción, como actitud, como conducta, fue el medio o el vehículo apropiado en ese entonces para cumplir y realizar sueños, expectativas y esperanzas de ese mayoritario porcentaje de la población. Es por ello que aquí, con íngrimas excepciones, casi todo el mundo en los primeros inicios fue liberal. Diferente sucedió en otras provincias de la Capitanía, en donde durante la Colonia pudo afianzarse una cierta tradición "occidental" "conservadora", la cual se opuso y combatió al liberalismo. Aquí, en cambio, los dos partidos políticos mayoritarios y posteriormente contrarios, se nutren de la misma raíz y son fruto del mismo tronco.

Morazán y su proyecto caen como anillo al dedo en el sentido de otorgarles a los sectores mayoritarios una pertenencia histórica que "depasa" la del pequeño localismo lugareño, con lo cual un nuevo signo de identidad aparece en nuestra historia. Morazán y su partido, en ese caso (y no el Estado, ni el gobierno ni la nación), pasan a ser factores aglutinantes e identitarios. Medio se abandona lo íngrimo para articularse en una acción colectiva conducida por la acción y la palabra de un hombre que en gran medida supo comprender y asimilar esa nueva e insólita cultura que emerge como resultado de los diferentes mestizajes, raciales y culturales, que se fueron tejiendo en la provincia durante los casi tres siglos de sometimiento hispánico.

El mestizaje en ese momento irrumpe en la historia con su propia cosmovisión y su propio caudillo. Se reencuentra con su *pater* ausente pero esperado y soñado, y cuya imagen continuará buscándola a través de los caudillos que vendrían después. Morazán fue el primero y el de más dimensión. La mayor parte de aquellos no serán sino simulacros esperpénticos, ficciones, como lo serán el Estado y la nación que ellos pretendieron representar.

La gesta y el espíritu del héroe son más actuales que nunca. Abordarlo y conocerlo es de ineludible necesidad. En *Historias prohibidas de Pulgarcito*, el poeta y novelista salvadoreño Roque Dalton reproduce un poema en el que nos muestra cómo la visión del héroe se encarnó en el imaginario colectivo:

A MORAZÁN:
Muchas hazañas hoy cuentan
Del valiente Morazán
Y son los primeros cuentos
que veo que son de verdad.

Nos amaba a los del pueblo
y una vez le oí contar
que es el pueblo cosa buena
¡Qué viva mi General!

Si hoy los militares fueran
como era aquel Morazán
otro gallo nos cantara
en la América Central

José Antonio Save (1840-1868).

Obra Morazán del Maestro Rolando López Tróchez. Cortesía de la Casa y Museo Morazán. Original es a colores.

LOS PARTIDOS POLÍTICOS, LOS CAUDILLOS Y LA "IDENTIDAD"

Los "caudillos" que aparecieron después se convertirán en *pater* disminuidos, mutilados, pero a través de quienes se obtienen favores, protección, prebendas a cambio de obediencia y respaldo solidario. "Te doy pero si me das" será la nueva consigna en las relaciones entre el caudillo y sus "hijos". La política deja de ser una acción de servicio para convertirse en un negocio, casi tribal, aplicado en todos los niveles de la escala social. El nuevo *pater* no es quien moviliza conciencias, sino quien acciona con fuerza y bravura en pos de un botín del cual se supone se beneficiarán quienes han sido solidarios en el empeño.

El nuevo elemento del *dame y te doy* revela uno de sus roles esenciales: los partidos políticos devienen algo así como empresas, cada vez menos primarias, que protegen y garantizan a sus clientes ya inscritos (y a los nuevos por venir) dividendos de la operación, los cuales estarán directamente relacionados con el volumen de los aportes.

Pero no todo podría ser tan deforme en el accionar de los partidos tradicionales y sus caudillos. Si existen todavía es porque han sido necesarios, lo que no ha sido el caso en la mayoría de los otros países de nuestra América, en donde ya han desaparecido o están en vías de serlo. Es que aquí, efectivamente, y por ahora, somos diferentes.

En cuanto a los partidos políticos y la "identidad" —y aunque pueda parecer repetitivo, vuelvo sobre el tema con el afán de ampliarlo—, a los partidos llamados tradicionales habría que abonarles el mérito de haberse convertido, por la fuerza de las cosas, en depositarios de identidades individuales y colectivas, ya que ha sido a través de ellos —para bien o para mal— que las grandes mayorías se han sentido vinculadas a una estructura concreta que le otorga un nuevo sentido a su vida.

A falta de un rostro de nación definido que debilita su pertenencia, es el partido quien la sustituye. A él se aferra, porque le ofrece la posibilidad de llenar esa necesidad vital que tenemos los seres humanos de sentirnos historia, de otorgarle, aunque sea mínimamente y por momentos, más allá de lo cotidiano, un sentido a la existencia.[14]

Esto mismo, y dados los resultados que pueden constatarse en el desarrollo de nuestra vida política, podría ser considerado también como una ficción. Es posible que así sea, pero con la diferencia de que esta identidad, que algunos considerarían "alienada" —lo que no es el caso— simplemente existe; es viva, concreta. En cambio, la que podría derivarse de la ficción que ha sustentado el concepto de nación (ficción de la cual hasta ahora se está emergiendo) ha sido invisible, dado que siempre permaneció en el limbo de las abstracciones.

Esta identidad que los partidos políticos han otorgado a sus miembros se ha venido transmitiendo de padres a hijos, de familias a familias, de generaciones a generaciones. Es, por lo tanto, una tradición anclada en las conciencias casi de una manera atávica y visceral. Entendido así, pertenecer a un partido político tradicional no es únicamente una operación de *dame y te doy*, sino que además contiene elementos simbólicos y espirituales que, en muchas ocasiones, rebasan el marco de lo estrictamente material.

Es en este sentido que podrían ser considerados como pilares fundamentales de lo poco de "sociedad" que hemos podido construir. En una sociedad que nació desarticulada, fragmentada, los partidos crearon símbolos (eso es lo que también son: símbolos) unificadores, aunque sus colores hayan sido diferentes. Es como que si se dijera: al ser o pertenecer a un partido... *soy*.

Cuenta el nicaragüense E. Guzmán en sus crónicas que, en 1876, ya siendo casi eminente la llegada de Marco Aurelio Soto al poder, se insta a los liberales armados, acampados en Amapala (se pretendía iniciar un gobierno de conciliación), a que se quiten los colores que

---

[14] En ese marco y en apoyo a lo que hemos señalado traemos a colación una cita del historiador hondureño Rolando Sierra Fonseca quien en uno de sus textos (el cual por ahora no sabría precisar) señala: **"Las organizaciones políticas han sido recursos de los pueblos para sobrevivir y no la posibilidad de establecer una acción política... Se usa la política en cuanto a organización formal del poder simplemente como se usa la magia para ampararse y conjugar"** (si esta cita no fuese correcta disculpas a don Rolando)

los identificaban, lo cual no pudo lograrse, ya que "los soldados de Amapala no han querido quitarse las divisas rojas".

En otro aparte señala: "Cuestión delicadísima es en Honduras esta de llevar en el sombrero una cinta roja o verde" (Oquelí, 1991.71).

EL CLIENTELISMO O LA POLÍTICA COMO TRANSACCIÓN

Habría que hacer también una pequeña reflexión sobre esa figura tan particular en nuestra vida política como lo es el clientelismo. Como ya se señaló, se trata de ofrecer prebendas, ganancias a cambio de votos. Este fenómeno podría analizarse desde varias perspectivas. Una de ellas, la más importante, es la de la crónica pobreza que ha marcado la vida del país desde sus inicios. Además de los otros factores señalados previamente, es ella la que impulsa esa relación que se establece a través de su figura: "Si el partido gana el poder, algo (aunque sea mínimo), yo también ganaré."

Esto último de ninguna manera habría de considerarse como un acto impulsado por la ignorancia; es más bien una actitud de supervivencia. En relación con ello, vale la pena citar lo que un expresidente mexicano expresó —y que fue repetido hace algunas décadas por el expresidente Ramón Villeda Morales—: "Lo peor que le puede suceder a un ciudadano es quedar fuera del presupuesto."

Sin haber fuentes de creación de riqueza que ofrezcan trabajo a grandes sectores de la población, el botín que el gobierno administra pasa a convertirse en la más importante fuente de ingresos y, por lo tanto, de empleos, así como también en el impulsor de obras de infraestructura que ayudarían a las comunidades a ver un poco de luz en el camino del "progreso".

Esta situación, que pareció ser inalterable, se está modificando en la medida en que otras opciones han brotado en los últimos años. Nuevas alternativas y nuevos vínculos partidarios de carácter político han surgido últimamente.

Podría sostenerse que, en la medida en que la economía del país se "desarrolle" y pueda romperse el cerco feudal y mercantil que la ha limitado, en esa medida los partidos tradicionales tendrán que ir modificando sus estructuras y estrategias si es que no quieren perder clientela. Esta última, en efecto, no es la misma que la de hace apenas veinte años, y ello es así porque el carácter de las fuerzas productivas también se ha modificado.

Podría asimismo sostenerse que, una vez lograda la independencia económica de los individuos frente al erario, el clientelismo —tan rural y cimarrón todavía— gradualmente irá disminuyendo. De tal forma que, si no hay "desarrollo", la vigencia del fenómeno continuará para rato. El clientelismo es una de las manifestaciones del atraso económico y no, como suele afirmarse, del atraso cultural.

A MANERA DE APÉNDICE DE LA PRIMERA PARTE

Otros signos históricos e identitarios y algunas otras conclusiones en cuanto a los temas que se tratarían eventualmente en la segunda parte.

Lógica, lenguaje, gesto y cuerpo

Hemos venido señalando el vacío de escolaridad durante el período colonial, el cual no ha sido cubierto todavía. En ausencia de una educación "formal" que enseñase al menos a leer y a escribir, las gentes inventan, elaboran y codifican su propio lenguaje. Este lenguaje, amasado durante el cimarronaje, continuará vivo y, hasta nuestros días, seguirá enriqueciéndose y criando su propia articulación y sus bellas y concisas metáforas.

En esta nueva forma de decir y pensar, el cuerpo y el gesto juegan un rol de gran significación. Si según la "lógica" tradicional es la palabra el vehículo por el cual se expresa el pensamiento, en nuestro país esta palabra, en buena medida, ha sido sustituida por otros signos que, a muchos de los "ilustrados", podrían parecerles carentes de "razón".

Entre nosotros, por ejemplo, el discurso desarrollado a través de la palabra es discontinuo, no finaliza, se queda a "medio palo" y pasa a otro asunto sin pedir permiso, en el entendido de que quien escucha ha comprendido lo que no se ha expresado verbalmente. O, en todo caso, es a él a quien le toca significarlo.

Es, por decirlo así, un discurso vertebrado a través de una "lógica ramificada", en la que el gesto, el cuerpo y, muchas veces, el silencio ocupan el lugar de la palabra.

En este sentido, me agrada citar algunos ejemplos con los que, con frecuencia, los hondureños y hondureñas, utilizando un lenguaje no del todo "discursivo", comunicamos un "incomprensible" sentido del tiempo, del espacio y hasta de la vida. Se trata de los siguientes diálogos:

—¿Qué tal vos?

—Pues, aquí.

—¿Y vos?

—Pues, allí.

Sentimos lo que ese diálogo significa, y al sentir, comprendemos que su contenido va más allá (o más acá) de la lógica con que suele articularse la palabra; lo cual podría considerarse paradójico en relación con aquellos y aquellas que, en este continente nuestro, suspiran continuamente con las "vanguardias hegemónicas". Esto mismo —la ruptura del lenguaje con la "lógica"— en nuestros andurriales es un asunto tan cotidiano que nadie le para bola, al tanto que en Europa, por los años sesenta y ochenta del siglo pasado, es decir, apenas ayer, fue considerado una gran "revolución".

El "allí" y el "aquí", en efecto, no habría que entenderlos en referencia a un punto determinado. Es, más bien, la inmovilidad, la repetición en el espacio absoluto. Es lo mismo que la "nada" de los existencialistas o el eterno absurdo de la espera, tan bien y angustiosamente expresado en la obra cimera de Beckett[15] *Esperando a Godot*. La diferencia entre ambas posiciones existenciales consistiría, quizás, en que entre nosotros, en ese vacío cabe todavía, paradójicamente, la esperanza; y además, que esa nada no provoca trágicos y metafísicos "desgarres". Ha sido tan cotidiana desde hace varios siglos que forma parte ya —por ahora— de la vida diaria, al grado tal que cualquier discurso "filosófico" sobre el tema, lo que podría provocar en muchos casos es una ligera sonrisa y en otros —como en el de los negros y negras— una estruendosa pero simpática carcajada.

Con igual óptica podemos apreciar el diálogo siguiente:

—¿Qué tal vos?

—Pues, ahí... poco a poco... pero ahí vamos.

Ese "vamos" permite varias interpretaciones. Una: que efectivamente "vamos", a la hondureña, poco a poco, a un ritmo que desquicia a los "otros" por su lentitud a diez por hora, mientras el resto del mundo pretende ir a cien. En cuanto a ello, pienso que es posible que, en el subconsciente de las hondureñas y hondureños de

---

[15] Samuel Beckett (1906-1989). Dramaturgo y escritor irlandés, figura clave del llamado teatro de lo absurdo.

ahora, se encuentren anclados rastros de esa pesadilla que significó la "acción" de los más de cien años de guerra civil, finalizada apenas ayer (en 1936), y de la cual se terminó exhausto, con crónica fatiga no del todo ausente todavía. Entendido así, es dable pensar que esa calma —o más bien pachorra— que alarma y molesta, sea el resultado de una prudencia sabia que conoce los desastres que pueden ocasionar la "valentía" y el vértigo de la acción. Sabiduría que, por otro lado, impulsa a no "tragar por entero" la verdad —o más bien los propósitos— que podrían envolver eventualmente las "acciones heroicas" de los otros.

El carácter épico o heroico, tan visible en algunos momentos históricos en ciertos sectores sociales de otros países de Latinoamérica, no va —o no calza, por ahora— con el "modito" de entender la vida que maneja la mayoría del pueblo hondureño. Esa ha sido, quizás, una de las razones que podrían explicar la ausencia de figuras mesiánicas y guerreras en nuestro territorio desde hace muchísimas décadas. En este campo, sólo la de Morazán persiste. Lo mismo ocurre con algunas otras poblaciones de América, entre ellas la brasileña y la costarricense, para quienes la grandilocuencia de cierta épica histórica —tal como se suele apreciar ahora— carece de asidero en las conciencias.

Además, ese acelere del mundo, ¿hacia dónde conduce? Esa es una pregunta que se la formulaba mi padre —quien anduvo en montoneras—, también me la hago yo sin haber andado en ellas, e imagino que también un enorme porcentaje de hondureñas y hondureños del presente se la han de preguntar.

Otra posible interpretación, en alguna medida ligada a la anterior, es la de que efectivamente no se sabe para dónde se va: si al centro, al sur, al norte, para arriba, para abajo, para atrás o para adelante. Se va sin rumbo ni objetivo fijo, adonde lo lleve el viento; algo similar al rumbo de nuestros más recientes ancestros, los vaqueros, los trabajadores mulatos y mestizos de las haciendas y de las minas, los cuales, en tiempos de la Colonia:

"(Desprovistos de estatus)… vegetaban en la periferia de un mundo del cual nada esperaban (…). Circulaban continuamente por el campo, nómadas, frugales, e independientes" (D´ans 2002.89).

El arte de "saber hacerse el pendejo"

En nuestra provincia, determinada por su propia realidad, cuando por casualidad se encontraban con cualquier "autoridad", real o aparente, las mayorías "nacionales" se habían inventado y construido (como suele suceder con todos los humanos, pero aquí hacemos uso de nuestro propio "modito") maneras de ser engañosas, lenguajes de doble cara, en donde lo expresado, lo dicho y lo asegurado corresponde poco —y muchas veces a nada— a lo que de verdad se es, se piensa o se quiere. Es el arte de la simulación, o lo que aquí se conoce con el nombre del "taimado", muy propio de nuestra cultura "urbana", lo cual, por lo demás, en los círculos burocráticos, sobre todo, hasta el día de hoy continúa campeando.

En este sentido, recuerdo a nuestra poeta Clementina Suárez, quien, por su manera directa y franca de ser, fue víctima del escarnio en ciertos sectores de la sociedad. Con el fin de darnos un protector consejo, hace apenas dos décadas, nos decía:

"Cuídate y apréndete bien esto: aquí (se refería a Tegucigalpa), para 'triunfar' hay que conocer el arte de saber hacerse el pendejo".

Quizás eso, lo de saber hacerse el pendejo, fue lo que don Juan de Tornos no supo comprender, al no captar sino lo aparente, ya que en lo "real" se encontraba también "el otro", es decir, aquel que, con una energía que en nada se parecía al "ocio", ni a la "docilidad", ni a la "desidia", pocos años después de su "diagnóstico" estaría guerreando, con pocas pausas, por más de cien sangrientos años. Años cruentos que, como ciertos pasajes del lenguaje, para la mayoría de la población desembocaron en "la nada". Ese momento fue, por así decirlo, el cimarronaje desatado en una de sus formas "civilizadas".

El "me vale"

La cultura informal que en nosotros se expresa muy efectivamente con la expresión del "me vale" se origina justamente cuando lo formal, en términos generales, no ha pasado de ser una mascarada, una mala comedia o, en todo caso, una ficción. Esta contradicción empezó a gestarse entre nosotros desde los inicios de la vida colonial. Acordémonos de las leyes "de Indias" y de la mayoría de las disposiciones enviadas por la corona a sus territorios de América. En general, y con las excepciones de siempre, esas disposiciones a las autoridades coloniales de América "les valían". Son muchos los documentos que sustentan esta afirmación.

En este sentido, podríamos imaginarnos que si ello fue así para los peninsulares, lo sería con mucha más razón para los y las colonizados(as). Desde entonces, entre las gentes y los gobiernos se hablaban lenguajes diferentes: lo formal en los papeles y lo real ("lo otro") en la vida. Es por ello, quizás, que se haya vuelto tan popular en nuestra comarca aquel dicho que sentencia: "como dijo Santo Tomás, hasta no ver no creer."

En cuanto a la época republicana, y fracasado transitoriamente el proyecto morazanista, la actitud expresada en esa frase del "me vale" retornará e irá nutriéndose y desarrollándose paralelamente al desencanto y frustración surgidos de esa historia tejida de lágrimas de la cual nos habló Rafael Heliodoro Valle. Gentes y gobiernos continuarán hablando lenguajes diferentes; el foso siguió ampliándose con la misma rapidez en que se creaban constituciones, leyes, instituciones y proyectos de desarrollo nunca terminados.

Los diferentes gobiernos creaban todo lo anterior, en general, sin el menor sentido y casi siempre al garete. Al tanto que se hablaba de democracia, por ejemplo, no se tuvo "empacho" en realizar 135 cambios de gobierno desde el inicio del Estado en tiempos de Dionisio de Herrera hasta el momento actual del licenciado Ricardo Maduro. Hubo ocasiones en que, en un mismo mes, ejercieran el poder tres presidentes diferentes.

Y en cuanto a las acciones de armas:

"desde 1827 hasta los finales de la época de los años 80 del siglo pasado, hubo en el país 400 montoneras."

Por otro lado, desde el 16 de diciembre de 1875 a la fecha (septiembre de 1876), señala el cronista nicaragüense E. Guzmán:

"Se han sucedido en Honduras ocho presidentes". (Oquelí, 1991.73).

Al tanto que se constitucionalizaban los principios de igualdad y fraternidad, se excluía a los que carecían de patrimonio de la posibilidad de llegar a ocupar un puesto en la administración pública, tal como lo señalaba el artículo 25 de la Constitución de 1848, el cual prescribía que:

"para ser senador se requiere ser mayor de 30 años, natural o vecino del departamento, y ser dueño de un capital libre que no baje de mil pesos." (Oquelí, 1991.29).

Similar a los tiempos actuales, para ser legislador —¡nada menos!— hay que erogar bastante plata, ya que las diputaciones están sujetas a las leyes de la oferta y la demanda. Y si esto es así para las y los delegados(as) a la Asamblea Nacional, sólo habrá que estirar un poco la razón para percatarse de lo que cuesta, en esta condición, llegar a ser presidente de la República.

Por otro lado, el respeto a la Constitución les ha "valido" tanto a algunos conspicuos dirigentes, que hace apenas unos tres o cuatro años un presidente que fue de la Cámara de Representantes proclamó que:

"La Constitución se viola cada vez que sea necesario."

Expresión cuyo contenido es parecido a lo que otro "líder" del Congreso pensaba de la misma hace algunas décadas:

"Que es pura babosada."

De tal suerte que, si ello ha sido así para un buen sector de los "ilustrados" que han dirigido y continúan dirigiendo al país, ¿con qué criterio se le puede pedir a la mayoría de la población que, por favor, no "les valga" la institucionalidad?

El trabajo y lo lúdico[16]

Linda Newson señala que en 1789:

"Los trabajadores libres en las minas de Tegucigalpa fueron descritos como llenos de inconstancia, veleidad y 'disbortinaje', y en 1795 un oficial español reportó que los vecinos ya estaban cansados de tener que conquistar a los trabajadores libres ofreciéndoles salarios más altos, cuando con frecuencia huían, dejando su trabajo inconcluso. Generalmente, los patrones se quejaban de que los trabajadores libres iban y venían a voluntad, y eran difíciles de disciplinar." (Newson, 1992.262).

Tal, señalamos nosotros, como ese sinónimo de la libertad que es el viento.

---

[16] Como acotación al margen: la palabra trabajo se origina en la voz latina "tripalium", que en tiempos pretéritos significaba un instrumento de tortura, contrario a las lenguas germanas cuya raíz significa acción.

Hasta el día de hoy se ha venido transmitiendo, de poder a poder, que el indio, el mestizo, el mulato y —no digamos— el negro, "son vagos y perezosos" por naturaleza. En ese sentido, interesa desentrañar o interpretar lo que los textos y las declaraciones ocultan o aclaran.

En cuanto a que los trabajadores libres "huían dejando inconclusos los trabajos" aunque se les ofreciera "salarios más altos", encontramos acertado lo que, en relación con ello, advierte Linda Newson al indicar que:

"Se desplazaban libremente de un sitio de trabajo a otro según mejoraban sus ofertas salariales (...) los trabajadores libres se daban cuenta de su poder de negociación." (Newson, 1992.262).

Esta apreciación parece estar más apegada a la realidad que aquella otra según la cual se les consideraba proclives a la "inconstancia", "veleidad" y "disbortinaje". Y es que, aunque en la afirmación de esto último hubiese algo de cierto, la misma podría explicarse por el espíritu de libertad e individualismo gestado y enquistado durante los casi trescientos años de cimarronaje.

Estos hombres y mujeres, esas castas "frugales", "nómadas" e independientes, y cuyos antepasados recientes habían sido esclavos o encomendados, o blancos excluidos, y a quienes el régimen colonial les había "desprovisto de estatus", retaban constantemente, aún en la cotidianidad, a un orden político, económico y cultural que no solo rechazaban, sino al cual no sentían ningún vínculo de pertenencia. En tal sentido, este comportamiento "veleidoso" podría interpretarse como una forma de ver y afirmar un carácter poco amigo de los horarios "disciplinados" impuestos por el poder.

En este caso, la libertad de movimiento y acción adquieren un valor incomparablemente más alto que la escasa retribución salarial.

Para los ladinos, negros y mulatos, aunque quizás se extralimitaran en el llevarlo todo "muy al suave", no hay duda de que ello significó —en relación con lo que había sido la vida de sus no muy lejanos antecesores— un espacio conquistado a la libertad. En ciertas circunstancias, "el ocio" y "la haraganería" convertidos en pasividad podrían, a su vez, interpretarse como una forma de rechazo o resistencia a formas culturales impuestas y contrarias a una manera de abordar la vida, modelada en oposición a los principios de una institucionalidad que convertía en esclavos, siervos o asalariados mal retribuidos a quienes no formaban parte del poder.

Lo que habría que preguntarse, en todo caso, es que si fuese cierto que los trabajadores de este país son como se les ha venido señalando por los diferentes círculos de poder que han venido sucediéndose, ¿por qué entonces los miles y miles de hondureños y hondureñas que trabajan en los Estados Unidos carecen de esas "anomalías"?

Lo que resulta paradójico, por cierto, es que las remesas que recibimos del exterior colaboran de manera sustancial para que a este país, de una vez por todas, no se lo lleve el diablo.

Si lo anterior es así —y estimo que lo es— cabría, en tal caso, otra pregunta, y es la siguiente: ¿por qué allá sí y aquí no? Responder a esa interrogante no presenta dificultad. Se trata de que "allá" existe la expectativa (al menos eso) de que después de algunos años de "sacrificio" se obtendrá un fruto que lo justifique. En cambio, "aquí", en términos generales, ese sacrificio termina en "la nada" (otra vez la nada). En ese caso, si de la nada se trata, es mejor quedarse "aquí" o "allí", en la repetición y en la inmovilidad del espacio cerrado y casi absoluto.

Lo lúdico

Otra reflexión sobre la clase de relación que se teje con el trabajo en amplios sectores de la población se origina en la raíz misma del sentido lúdico gestado tiempos atrás y que todavía es palpable en muchos de los actos que hilvanan nuestras vidas.

Es difícil explicar, a través de una lógica unívoca, la aparente sinrazón de una sociedad como la nuestra, la cual, a pesar de sus descalabros y miserias, mantiene todavía —cada vez que es posible— el sentido del juego, del relajamiento y del goce.

Para el viajero William Wells, el cual anduvo por estas tierras en 1854, y a pesar de que nuestro territorio le pareció ser "una celda de ermitaños" y azorado como los fue por los niveles de miseria que pudo observar en el trayecto entre Tegucigalpa y Guaimaca nos habla, sin embargo, sobre el carácter afable y cordial de sus habitantes y sobre la destreza que manifiestan para gozar del baile y de la fiesta.

Otra viajera, Mary Lester[17], quien se hacía llamar "la soltera", después de señalar en 1878 lo que ella consideraba criticable en la sociedad hondureña, termina apuntando, luego de participar en una fiesta en San Pedro Sula, que lo mejor que sabemos hacer las gentes de esta tierra es bailar, gozar y tirar escupitajos certeros sobre los recipientes colocados en los salones de baile.

Algunos dichos de la cultura garífuna y caribeña en general podrían sintetizar ese hermoso valor de la existencia y lo anclado que se encuentra en las conciencias. Uno de ellos señala:

"Si trabajás para vivir, ¿por qué entonces te matás trabajando?"

O bien lo que se consigna en la letra de aquel famoso merengue dominicano que los habitantes de nuestro país hicieron como suyo, llamado *El negrito del batey*, para quien:

"El trabajo para mí es un enemigo,

por eso se lo dejo todo al buey,

porque el trabajo lo hizo Dios como castigo."

En efecto, castigo y muerte fue el trabajo "institucionalizado" para la mayor parte de nuestros más recientes ancestros. Esos dichos y canciones aluden a ello. Cuando la labor deja de ser alienada, compulsiva, sinónima de muerte, se convierte, en cambio, en un medio de creación y realización (como para cualquier ser humano y aun para las bestias). No se conocen límites, evasiones ni reticencias para laborar hasta los últimos esfuerzos.

En ese profundo sentido de lo que debe ser el trabajo, nuestro pueblo —y a pesar del cerco que amenaza con ahogarlo o asfixiarlo— lucha por mantenerlo vivo todavía. Esto último habría que asumirlo como un combate, en el cual, por la dirección que se le está imprimiendo al "desarrollo", el goce en la existencia corre el riesgo de perderse. Perderse, siempre y cuando —pensamos— nos dejemos hacer y que "nos valga".

Lo lúdico es el más profundo signo de nuestra identidad, y es lo que más nos vincula con el resto de las poblaciones de nuestra América. Si en algo nos diferenciamos los americanos del sur es justamente en eso: en el haber conservado, hasta ahora, con terquedad de mula, el "valor" de que la vida —con todo y todo— es también

---

[17] Mary Lester, Viajeros del Siglo XIX: La travesía de una dama por Honduras. Publicado por Colección Erandique.

para gozar y reír. Ese es, quizás, el más profundo aporte que podemos brindarle a la cultura universal.

Sobre esto último señalaré un asunto de gran significación: por diversas razones que no es el caso mencionar, el elemento gozoso de la vida en aquellos países llamados ricos y desarrollados cede terreno casi vertiginosamente a los embates de poderosas fuerzas que, por su propia dinámica, se obligan a negar el placer en la existencia. Siendo que nosotros poseemos todavía (y remarco el "todavía") como reserva ese "don", podríamos brindárselo a aquellos que lo están perdiendo. Con ello pagaríamos —y sobraría— gran parte de lo que "adeudamos", si es que esa deuda, en todo caso, fuese lícita.

Conclusiones (Estudios para la segunda parte)

Aquí terminaría la primera parte de este artículo. En un próximo trabajo podrían desarrollarse otras reflexiones vinculadas al tema que nos ocupa, tales como: el fútbol como cohesionador de un sentido de pertenencia nacional; la vigencia del "pícaro" como figura todavía emblemática y admirada en ciertos sectores sociales; la poca importancia concedida a los valores éticos en el ejercicio de la administración pública, y cómo esto mismo ha tenido —utilizo el verbo en pasado porque en el presente hay indicios de cambios en este sentido— sin cuidado real a la mayoría de la población.

Asimismo, sobre el marginamiento de las gentes "honradas" en el ejercicio de la función pública y cómo ese comportamiento (el de ser honrado) es apreciado por grandes sectores de la población y las posibles razones que lo explican.

Nuevos fenómenos como la compulsión al consumo, la nueva religiosidad, la emergencia de rasgos culturales vinculados a lo urbano, la función de los administradores públicos actuales en su relación con el poder global, la nueva violencia juvenil, son los temas —entre otros— que deben demandar nuestra atención.

Habría también que puntualizar y analizar más objetivamente aspectos relacionados con la buena herencia dejada por los próceres y los positivistas, sobre todo aquellos relacionados con su buena fe, idealismo y altos valores éticos.

Reflexionar asimismo sobre la cohesión nacional, la cual, desde nuestro punto de vista, se ha venido fortaleciendo desde el régimen del abogado y general Tiburcio Carías Andino, quien gobernó al país desde 1933 a 1948. Y en relación con esto último, afirmar que la imagen borrosa de Nación poco a poco ha venido dibujando sus perfiles con mucha más claridad, ya que los vínculos de pertenencia a esta entidad, en los tiempos actuales, son mucho más palpables.

En tal sentido, pensamos que lo formal y la ficción de nación de antes se han venido desvaneciendo para dar paso a una realidad que cada vez se visibiliza y concretiza. Por ello mismo, el fenómeno de la "identidad nacional" ha emergido como una realidad política imposible de soslayar.

Esta "identidad nacional" ha madurado ya sus propios imaginarios y creado sus propios símbolos, los cuales han sido incorporados y anclados en las conciencias colectivas. Y si ello es así, en esta perspectiva cabría preguntarse:

¿La consolidación del Estado en los tiempos actuales de tendencias supranacionales es históricamente indispensable?

¿No es acaso un asunto fuera de tiempo?

¿No sería más "contemporáneo" pensar en términos de identidad nacional centroamericana y, eventualmente, latinoamericana?

En cuanto al Estado "libre", "soberano" e "independiente", no sólo no ha dejado de ser una ficción, sino que me temo que nunca dejará de serlo.

Por ello, las discusiones sobre ese tema nos parecen vanas.

Por otro lado, me parece que los avatares, contradicciones, aciertos, desaciertos y deformaciones sucedidos en nuestro camino son apenas normales en una búsqueda tan joven como la nuestra, la cual, en lo que atañe a cuestiones sociales, económicas y políticas, no alcanza ni siquiera a tener 200 años de eso que suelen llamar vida independiente.

Comparado este tiempo al de otras sociedades, algunas de las cuales llevan miles de años en la búsqueda por "asentarse" (y aun así no lo logran plenamente), lo nuestro es un ligero suspiro en el recorrido de la historia humana.

Esto último, sin embargo, no habría que considerarlo como una excusa para que estos importantes asuntos colectivos nos sigan "valiendo un guango".

Es posible que, para bien o para mal, ciertos hermosos acentos de la cultura del cimarronaje vayan quedando atrás en relación con las necesidades sociales y, por lo tanto, disminuyendo su importancia y vigencia en el tejido social. En ese caso, no habría que estar atados al "allí" o al "aquí" para moverse según lo señale el viento; es más bien el tiempo, quizás, de marcarle a ese tiempo nuestra propia dirección.

BIBLIOGRAFÍA

Carías, Marcos (1998). *Crónicas y cronistas de la conquista de Honduras*. Editorial Universitaria, Tegucigalpa.

D'Ans, André (2002). *Honduras: difícil emergencia de una nación, de un Estado*. Traducción de Albert Depienne. Litografía López, 2.ª edición, Tegucigalpa.

Díaz Chávez, Filander (1962). *Las raíces del hambre y de la rebeldía a la explotación* (Un ensayo sobre la pereza, págs. 8 y 12). Imprenta Calderón, Tegucigalpa.

Joya, Olga (1992). *Crónicas de las crónicas*. Revista *Paraninfo*, Año 1, N.º 2, Tegucigalpa.

Leyva, Héctor M. (2003). *De la crítica de la cultura a la construcción de un proyecto histórico*. Colección Visión de País, UNDP, Tegucigalpa.

Newson, Linda (2000). *El costo de la conquista*. Editorial Guaymuras, Tegucigalpa.

Oquelí, Ramón (1983). *La víscera entrañable*. Centro de Documentación de Honduras, Tegucigalpa.

Oquelí, Ramón (1991). *Mixturas*. Colección Realidad Nacional N.º 32, Editorial Universitaria (UNAH), Tegucigalpa.

Oquelí, Ramón (1997). *Valle. Antología*. Editorial Universitaria, Tegucigalpa.

Sierra Fonseca, Rolando (2004). *Ramón Oquelí: una lucha tenaz contra el olvido*. Ediciones Subirana, Obispado de Choluteca.

EL CUERPO Y SU MEMORIA: ARMA DE RESISTENCIA DE LA NEGRITUD DE NUESTRA AMÉRICA

El futuro, aunque lejano todavía, será negro o nos será.
(Rafael Murillo Selva).

Se conoce lo que fue, para quienes forzados llegaron a nuestro continente, la clase de infamias que tuvieron que sufrir durante todo el proceso esclavista. La crueldad superaba hasta lo inimaginable. Encontramos en los documentos históricos relatos que dan cuenta con detalle de mutilaciones de manos, piernas, orejas, pies y cabezas destroncadas, conservadas en cal y mostradas como trofeos, a guisa de ejemplo y advertencia, en lugares públicos.

Los atropellos y humillaciones se sucederían en todo nuestro continente con escenas y hechos que bien podrían tener un alto sitial en la historia de la infamia, pero esto mismo generaría respuestas que podrían estar consignadas como momentos heroicos y sublimes en la lucha por la dignidad y la libertad.

Las sublevaciones, así como el cimarronaje, se regarían como pólvora en aquellos territorios donde el comercio y la trata de esclavos fueron considerables. La primera estalla en Santo Domingo en 1522, nada menos que en los dominios de don Diego Colón, hijo del que suelen llamar el "descubridor". Luego se sucederían otras en Brasil, Colombia, Venezuela, las Antillas Mayores y Menores, Panamá, etc.

En Brasil, los cimarrones organizan una especie de reino aparte al que llaman Palmares, el cual se mantiene independiente durante todo el siglo XVII. En Colombia se establecen 21 palenques (pueblo de cimarrones). En Panamá, la fuga de cimarrones se vuelve tan habitual que, en 1580, las autoridades coloniales se ven obligadas a firmar un tratado de paz con los rebeldes.

Las revueltas bélicas se convierten en pan de cada día en casi todo el territorio americano. Sin embargo, la mayoría, como tales, fueron vencidas, y de esta manera las comunidades negras sometidas se han venido incorporando a la vida económica, cultural y social de sus respectivos estados. Adoptaron la lengua de los conquistadores y se convirtieron, aunque en forma singular, al cristianismo.

Pero hubo otra clase de resistencia, poco investigada por cierto, que da cuenta de otro género de choques librados en los espacios simbólicos y en los que la negritud no ha sido aún vencida y creo —habrá que creerlo— jamás lo será. Esta batalla se inicia, como la bélica, desde los comienzos de la colonización esclavista, y en ella se enfrentan dos visiones antagónicas relacionadas con las expresiones del "espíritu" a través de los cuerpos que lo alojan o lo habitan. En tal sentido cabría la siguiente pregunta: ¿Qué clase de relación se estableció entre los lenguajes corporales del dominador y el dominado?

Es evidente que lo ocurrido fue un conflicto de visión, de abordaje. En efecto, frente a una actitud maniquea, vehiculada por la doble moral tan generalizada en el mundo mercantil, la negritud opuso una resistencia lúdica, libertaria (en la que la supuesta dicotomía entre la mente y el cuerpo no existe), lo cual era desesperadamente incomprensible para la beatería de entonces (y para la actual también), desatando con ello la más injuriante hostilidad y los más odiosos prejuicios, muchos de los cuales persisten todavía.

La afirmación gozosa del cuerpo y, por ende, de la vida, en una época en la que se iniciaba en nuestro planeta —a niveles de barbarie global— la cultura de la castración corporal y de la muerte, era una batalla que el poder "espiritual" del mundo occidental tenía forzosamente que ganar. Sin embargo, en este campo o en esta guerra, la negritud ha demostrado ser invencible y hasta podría creerse que continuará siéndolo por los tiempos de los tiempos.

Hacer del cuerpo del explotado no solo un instrumento alienado de producción económicamente rentable, como lo ha querido siempre la maquinaria de producción capitalista, sino también un productor de gozo y de placer, como lo han sabido hacer los negros y las negras, es un asunto que para los colonialistas de entonces (y los de ahora) tiene que ver menos con Dios y más con el diablo.

Un documento de excepción podría servirnos para fundamentar lo señalado. Nos referimos a uno de los más reveladores, puesto que fue redactado por un sacerdote cuyas acciones dejaron hondas huellas en algunas de nuestras islas del Caribe. Se trata de *Voyage aux îles d'Amérique*, publicado en 1772 en París.[18]

En él, Jean Baptiste Labat, refiriéndose a las danzas que tuvo ocasión de presenciar repetidas veces en varias de nuestras islas caribeñas, emite los siguientes juicios:

"Gustan del juego, la danza, el vino, el aguardiente, y su complexión cálida los hace aficionados a las mujeres. La danza es su pasión favorita. No creo que haya pueblo en el mundo más pegado a ella. Cuando los amos no les permiten danzar en el establecimiento, andan tres o cuatro leguas después de haber terminado su trabajo en el ingenio, para estar en el sitio donde saben que hay danzas.

Como las posturas y movimientos de estas danzas son de los más deshonestos, los amos las prohíben y cuidan que no se baile, lo que no es poca cosa, pues les gusta de tal modo que los niños que no tienen fuerza para sostenerse intentan imitar a sus padres y madres, quienes los ven danzar y pasarían días enteros en ese ejercicio. (...) Al verlos, parece que se golpean con los vientres, aunque sean los muslos los que soportan esos golpes. Al momento, las parejas se retiran pirueteando para recomenzar el mismo movimiento con gestos completamente lascivos, tantas veces como el tambor da la señal, lo que hace a menudo varias veces seguidas. De vez en cuando entrelazan los brazos y dan dos o tres vueltas, siempre golpeándose los muslos y besándose. Se ve bastante por esta descripción abreviada cuán opuesta al pudor es esta danza (la calenda)."

"Se han hecho ordenanzas en las islas para impedir las calendas, no solo a causa de las posturas indecentes y completamente lascivas de que la danza está compuesta, sino aun para no dar ocasión a las demasiado numerosas asambleas de los negros que, hallándose así reunidos en la alegría —y lo más a menudo con aguardiente en la cabeza— pueden hacer revueltas, sublevaciones o partidas para ir a robar. No obstante, a pesar de esas ordenanzas y de todas las precauciones que puedan tomar los amos, es casi imposible

---

[18] Viajes a las islas de las Américas" . Capítulo V. Colección nuestros Países. Serie rumbo. Casa de las Américas, La Habana, Cuba. 1979).

impedírselo, porque, de todas las diversiones, la danza es la que más les place y a la que son más sensibles (...). Su pasión por la danza va más allá de lo imaginable, parece que la hayan bailado en el vientre de su madre."

El padre Labat, "escandalizado" por esas formas de expresión, se le ocurre convertirlas —además de con las medidas duras— con otras más "humanas" y hasta graciosas:

"(...) Para hacerles perder la idea de esta danza infame, se les ha enseñado varias a la francesa, como el minué, la courante, el paspié y otras (...)"

En otro de sus apartes, el sacerdote señala:

"(...) Sus lechos son pequeños apartadizos que practican en la división que hacen en sus casas. Marido y mujer tienen cada uno el suyo, y desde que los niños tienen siete u ocho años se los separa para evitar que comiencen demasiado temprano a ofender a Dios. Pues no hay nación en el mundo más entregada al vicio de la carne que esta (...)"

Parecidas a las condenas de Labat se encuentran otras vertidas durante el proceso colonizador, y es desde entonces que viene repitiéndose esa deformada e interesada caracterización que consiste en otorgarle, al sentido y significado libertario que las danzas de la negritud contienen en su esencia raizal, un sesgo moralizante y condenatorio, ligado más al encarcelamiento del cuerpo que al placer que pueda derivarse del ejercicio de sus prácticas liberadas.

Bien sabemos, quienes hemos compartido la vida con comunidades negras, que esas valoraciones —además de constreñidas y torpes— se generan por una deformación moral y corporal, cuyos efectos suelen emerger a través de los fantasmas y diablillos que bailan en mentes enfermas de lascivia, o más bien, de una libido trastornada por la presión ejercida por una cultura esencialmente represiva.

En esta profunda confrontación, la cual supera las fronteras sociales y temporales, las negras y los negros de nuestro continente han sido imbatibles, de tal forma que no ha habido poder conquistador ni colonial que les haya impedido ejercer el derecho de encontrarle placer a la existencia; gozar del erotismo placentero; abordar la vida por momentos y no por los infinitos; vivir intensamente el hoy y no el mañana; reír con sonoro desparpajo cuando se les da la gana; y articularse a lo concreto y no a las abstracciones de la metafísica occidental.

Lo anterior lleva implícita una profunda filosofía de la vida, la que, a pesar de los siglos de oprobio, ha sido defendida, hasta ahora, con éxito visible. Apropiándose de esa savia, la humanidad se armaría de una decisiva defensa para contraponerla a la feroz cultura de la muerte, con la cual, al fin de cuentas, se pretende arrearnos hacia eso que suelen llamar posmodernidad globalizada.

CONVERSATORIO LA PINTURA HONDUREÑA Y LA "IDENTIDAD"

"En ellos (los indios de Olancho) podían verse ejemplares de arte exclusivo de la raza indígena: los mantos de plumas, muchos confeccionados con rara habilidad, haciendo patente el gusto en la disposición y contraste de colores que en vano podían haber intentado artistas más cultivados."

William V. Wells, 1857

INTRODUCCIÓN

No es casual que desde hace algunos buenos años este concepto (el de identidad) esté sonando por el mundo, lo cual no sería gratuito, pues pareciera que en este sentido la humanidad se resiste a ser masificada tal como lo pretenden algunos intereses. El Ser, los pueblos, rechazan la supuesta globalización cuando mediante ella se pretende desdeñar la importancia de aquellos factores particulares que inciden en la formación de los pueblos y de los individuos. Es esa la razón última de la lucha por la "identidad". Es evidente que, aunque los más afectados por este proyecto seamos los hombres y mujeres que vivimos en lo que llaman Tercer Mundo, la amenaza va dirigida —a excepción, por supuesto, de aquellos poquísimos que detentan los hilos globales del poder— a todo lo viviente.

La identidad, por otro lado, habría que entenderla como resultado y no como principio; es decir, abordarla como proceso y no como entidad abstracta *a priori* definida.

Para establecer una eventual relación entre la pintura nacional y la "identidad cultural", es necesario conocer, hasta donde se pueda, cómo y por qué fuimos de una manera y no de otra, y por lo tanto, por qué nuestra pintura fue esa que tuvimos y no otra, y además, las razones por las cuales la actual es como es y no diferente.

BREVE CRÓNICA COMPARATIVA DE LO QUE ACAECIÓ EN NUESTRA PROVINCIA Y LO QUE SUCEDIÓ EN EUROPA

Lo primero que se puede constatar al enfrentarnos a la actividad pictórica realizada en este espacio geográfico que durante el período colonial se llamó Provincia de Honduras, no es solamente la evidencia de su limitadísima producción, sino lo escasísimo de su variedad temática y formal.

Durante los tres primeros siglos de sociedad colonial (1500–1700), encontramos muy espaciados nombres como los misioneros Marcos Ardón, Andrés de Lazo, así como el de Miguel Antonio Gomes y Blas de Mesa[19]; es decir, cuatro o seis pintores en 300 años, lo que equivaldría (en caso de que sean seis) a dos por cada uno de los siglos transcurridos.

La Iglesia, convertida en mecenas, utiliza la pintura para efectos educativos, para la "conquista del espíritu", o para despertar los sentimientos "idólatras" del creyente. Era, pues, esta una pintura de encargo, como muchas otras surgidas a través de los tiempos. Así lo fueron la mayoría de las obras creadas en la Atenas de Pericles, igualmente las faraónicas de Egipto y de la Mesopotamia, así como las bellísimas estructuras arquitectónicas asentadas en las distintas culturas precolombinas. Y encargo lo fueron, asimismo, la mayoría de los trabajos plásticos gestados y desarrollados en esa época de esplendor conocida como el Renacimiento.

De tal manera que no habría que sorprenderse por el hecho de que el arte de esta provincia, durante un largo período de cuatrocientos años, haya tenido fines no exclusivamente plásticos. De lo que sí cabría asombrarse es de lo siguiente: la insistencia en aferrarse a unas formas de hacer que prácticamente no sufren modificaciones sustanciales en tan largo período.

---

[19] Leticia de Oyuela, Banco Atlántida en la historia. 1991. Págs. 13-14-15.

Al tanto que en Europa las formas sufrían transformaciones rápidas y en algunos casos radicales, en Honduras se constata un reiterado y obsesivo uso de elementos formales que allá (en Europa) habían tenido vigencia muchos, muchísimos siglos atrás. Desde la época del *Quattrocento*, por ejemplo, la perspectiva era de uso común, los ángulos y los volúmenes eran lanzados hacia horizontes casi ilimitados. Pocos años después de las hazañas formales renacentistas, el mundo de los colores se enriquecía con los aportes de la pintura flamenca, y los manieristas —y no los amanerados— buscaban desde entonces romper el concepto de regularidad, pulverizaban y deformaban la "armonía" espacial.

Estos encuentros con elementos formales novedosos no cesan de incorporarse al bagaje cultural europeo. En un período relativamente corto, los movimientos, los estilos y las ideas con los que se trabaja se suceden y se cambian con una rapidez asombrosa. Pareciera que la sociedad se hubiera lanzado a una vertiginosa carrera en la que prácticamente se devoran tiempos y distancias. Se suceden: el Manierismo, el Barroco, el Rococó, el arte de la Reforma y Contrarreforma, el Neoclásico, la Ilustración, el Realismo y por fin el Romanticismo, movimiento este que, a nuestro criterio, es el marco referencial (para la Europa occidental) de una época que culmina y otra que se inicia.

Pues bien, al tanto que esta incesante búsqueda y vertiginosa carrera por llegar no se sabe a dónde es el acento que distingue la historia del arte europeo, en nuestra provincia, por el contrario, todo parecía insertado en un contexto social cuya quietud daba la impresión de transcurrir en un tiempo y espacio inamovibles. Es por ello, quizás, que las obras de nuestros pintores parecen surgidas de una época que en la historia de Occidente se conoce como el "Medievo Tardío".

Inclusive en el más mencionado de ellos, como lo es José Miguel Gomes (1772–1806), aunque encontramos en sus trabajos una verdadera maestría en el uso del color y la figura, y una ligera movilidad en la composición que podría indicar el surgimiento de una "novedad", ello no pasaría de ser un espejismo, puesto que lo sustancial de su trabajo continúa anclado en una visión plástica que podría considerarse como antigua y desfasada. Antigua y desfasada en el supuesto de que tomemos como parámetro esa persistente referencia que para muchos ha sido Europa.

De los trabajos de Blas de Mesa podría concluirse lo mismo. Este "pintor oficial del arzobispado", como lo cataloga Leticia de Oyuela, en esencia no hace sino reiterar formas y contenidos vigentes durante todo el período colonial.

Después de Gomes y Blas de Mesa, otros aparecieron en la comarca, entre ellos sus discípulos y algunos otros a quienes Leticia de Oyuela llama "pintores de la legua", tal como Porfirio Cándido Betancourt. En verdad, no conozco los trabajos de estos últimos, pero es de suponer que la línea implantada desde los primeros años de la conquista continuaría manteniendo su inamovible presencia.

POSTERIOR A LA "INDEPENDENCIA FORMAL"

Una vez realizada la independencia política formal, todos conocemos el estado de postración en que cayó la "república". No habría sino que leer lo que escribieron los pocos viajeros que recorrieron estas tierras en el pasado siglo para comprobar el estado de somnolencia, de aislamiento y de miseria en la que nos encontrábamos. Del libro[20] de uno de ellos extraemos algunas de las siguientes observaciones:

1. "Niños escuálidos, perros hambrientos, zopes, mujeres viejas y arrugadas, cerdos flacos y agresivos, desolación, soledad, es lo que se ve en el viaje entre Tegucigalpa y Guaimaca."

2. "Apartadas de las rutas ordinarias de los viajes, estas aldeas montañosas presentan cuadros de sórdida pobreza... los aldeanos no tienen nada que comer o, si tienen, es tan poco que no están dispuestos a vender o compartir sus alimentos."

3. "Honduras es una celda de ermitaños."

4. "Un estado letárgico tan profundo como el que envuelve el comercio y el tráfico del país."

5. "La empresa del señor Cacho[21], lo mismo que la de otros, se ha disuelto como siempre debido a las revoluciones... estas destruyen todo estímulo."

En una sociedad con las características a las que Wells hace alusión (muchas de las cuales continúan siendo ciertas), ¿a quién se le iba a ocurrir acumular capital y ponerlo a producir si al instante arribaban los "generales" y "coroneles" a imponer el impuesto de guerra? O bien, y en el dominio que nos interesa, ¿quién se dedicaría a las "bellas artes" en una sociedad encaracolada, enmontañada, en donde medio convivían, dispersas además, como máximo 200,000 personas y en donde lo que imperaba era la sangre, la pólvora y el machete, es decir, los valores de la muerte? Pues, "sensatamente", a

---

[20] William Wells. Exploraciones y Aventuras en Honduras. Publicado por Colección Erandique.

[21] Se refiere a la minería.

nadie. Sin embargo —y esto sería lo "mágico"— es que, aun bajo esas condiciones, hubo hombres y mujeres heroicas (esa sería la palabra adecuada) que vendrían a evidenciar y potenciar el amor y la defensa a la vida en medio de semejante marasmo destructivo.

Toribio Xeres (o Ramos, como otros lo apellidan) es un pintor que, a mediados del pasado siglo, se dedica a hacer retratos. Esta modalidad (la de pintar retratos) bien podría considerarse como un cambio de rumbo en la obsesiva temática religiosa predominante. Pero no hay tal. En sus obras se continúa observando la presencia del inicial desfase de tiempo y espacio que, desde el principio mismo, se originó entre Europa y América. La mayor parte de su obra sigue ligada a motivos religiosos, y los elementos formales con los que trabaja continúan aferrados a los "principios" impuestos por sus predecesores.

Su actividad la desarrolla a mediados del siglo XIX (fallece en 1865), es decir, cuando el Romanticismo había ya hecho trizas muchos de los valores artísticos y sociales del mundo europeo. Desde los momentos iniciales de este movimiento, los artistas e intelectuales luchan para que el hombre —esta vez desgarrado— vuelva a ser "el centro y la medida de todas las cosas", e inspiran movimientos que, en algunos casos, provocan rupturas abismales que llevarían a la declaración de los derechos del hombre, a las reformas napoleónicas, a las pinturas de Delacroix, a los esperpentos de Goya, a Beethoven, Chopin, Víctor Hugo, a la gran novelística rusa y francesa del siglo XIX.

Ya por esa época (la de Xeres), la actitud y visión romántica languidece, y empiezan a tocar las puertas de la historia el Impresionismo y el Expresionismo. Ahora bien, ¿se encuentran en las obras de nuestro pintor elementos formales que puedan hacernos pensar en la "contemporaneidad" de su trabajo? Por supuesto que no. Y siendo así, ¿sería ello suficiente para aseverar, en un plano estrictamente plástico, que lo suyo está fuera de tiempo?

Si medimos nuestro tiempo, es decir, nuestra historia, con ese rasero colonizado del que con frecuencia se hace gala para valorar los hechos de nuestra cultura, la respuesta tendría que ser negativa.

El apego a la costumbre ha sido tan violentamente insistente en nuestra sociedad, que aun en los momentos en que se institucionaliza la Reforma Liberal en 1876, y cuando los aires anticlericales sonaban a pleno tambor, nuestros artistas continúan apegados a la tradición sacra.

Ramón Rosa quiso también llevar su impulso transformador a la enseñanza del arte y decide fundar una pequeña escuela. La escuela es dirigida por el señor Tomás Mur, y de ella surgen los dos últimos pintores religiosos del país: Luis de Coronado y Quintín Girón. El primero redecora la parroquia de San Miguel de Tegucigalpa en 1882, y el segundo se convirtió en un pintor de imágenes para los devotos de los barrios de Tegucigalpa que querían todavía adornar sus casas con las imágenes de su devoción tradicional.[22]

La segunda década de este siglo que está por finalizar es el momento de arranque de la actividad pictórica profesional. Profesional en el sentido de que los artistas invierten buena parte de su tiempo en desarrollar su profesión, y no porque con ella obtengan los fondos suficientes como para satisfacer sus necesidades materiales.

Como quiera que sea, con Max Euceda, Confucio Montes de Oca, Pablo Zelaya Sierra y otros, arranca la actividad pictórica "moderna" en el siglo que transcurre. En esta ocasión, ya no serán uno o dos pintores por siglo, como fue la regla del pasado.

No es el caso en esta conversación el de analizar estos trabajos desde el punto de vista de los valores intrínsecos del lenguaje plástico. Más bien lo que se desea es puntualizar (sin dejar de considerar las excepciones siempre presentes) una característica común que los ata: el enraizamiento. Aunque estudiaron y vivieron en Europa, no por ello dejaron de estar marcados por la atávica presencia de la tierra y del contexto físico y social del cual inicialmente abrevaron.

Al señalar lo anterior, no es que con ello pretenda alzar panegírico alguno sobre el famoso "compromiso", sino resaltar esa constante que consiste en no dejarse arrebatar ni ilusionar por los istmos ni por las vanguardias foráneas, principalmente de aquellas surgidas en los centros hegemónicos del poder.

Y no es que se careciera de talento para asimilar las "tendencias de moda", al contrario: el trabajo de Zelaya Sierra, por ejemplo, tiene

---

[22] Leticia de Oyuela. Obra citada. Pág. 22.

tal solvencia que, con muchos méritos, podía exponerse en cualquier lugar del mundo. ¿Por qué entonces este maestro sigue fiel a una tradición que se aferra a lo figurativo, a los planos frontales, o a la austeridad en las tonalidades cromáticas, siendo que tanto él como Montes de Oca y muchos otros seguramente fueron testigos de la gran sacudida que en Europa estaban provocando los nuevos movimientos, tales como el abstraccionismo, el cubismo, los fauvistas, etc.?

La única respuesta que por ahora se me ocurre es que ello se debe a ese atavismo feroz que llevamos por dentro. El "monte" todavía forma parte esencial de nuestro ser, un ser marcado, hasta ahora, por el sesgo de una ruralidad remota, arrugada y arisca.

No sabría decir si esto último fue beneficioso para la trágica humanidad de Zelaya Sierra, pero con seguridad lo fue para el país y para el subsiguiente desarrollo de su plástica, que tiene en él un punto focal por los tiempos de los tiempos.

Posteriormente surgirían más creadores quienes vendrían a enriquecer el perfil y patrimonio de la plástica nacional, con los cuales se cubren más de medio siglo de actividad. Nombres como el de López Rodezno, Ricardo Aguilar (figura de excepción), Carlos Zúniga Figueroa, Teresita Fortín (a nuestro entender, la mejor expresión de lo que llaman primitivismo), Benigno Gómez, Dante Lazzaroni, Ruiz Matute, Mario Castillo, Álvaro Canales y otros y otras cuyos nombres se me evaden.

III
El paisajismo y el gran quiebre

En cuanto al paisajismo como tendencia, diremos que no son los "contenidos" lo que de suyo tiene el arte, sino las formas con que estos se resuelven y concretizan lo que le otorga su esencialidad. Grandes creadores de la tierra entera han sido paisajistas, es cierto, pero aquí, en nuestra sociedad, las formas armadas por quienes han venido cobijándose en esta tendencia han sido, generalmente, fáciles, mal tejidas, torpes y, sobre todo, acomodadas.

Esta corriente, también atávica, afianza su poderío en los años de la dictadura implantada por el general Carías desde 1933 hasta 1948. Durante ese período, a fuete limpio, se impone una visión "folclórica" y de crudo naturalismo rural, lo cual, hasta nuestros días, parece ser que se mantiene como constante en el gusto de cierto segmento del reducido número de compradores y compradoras que han surgido, quienes, presumiendo "cultura", se jactan y se rotulan como ejemplos de mentalidades "modernas" y hasta posmodernas. ¡Vaya paradoja!

Frente a la "escuela" anterior (y a otras más), alrededor del último cuarto de este siglo irrumpe —eso es: irrumpir— una generación, la de los años setenta, de la cual podría decirse que forman parte algunos artistas cuyos trabajos referenciales provocarían una fisura tan honda que no sería ligereza señalar que, con ella, se da cierre a un tiempo y, a su vez, se abre una etapa luminosa.

Quizás en el futuro podamos encontrar la disposición y, más aún, el conocimiento para opinar sobre esa especie de sismo fogoso, desparpajado y creativo que ese movimiento supo detonar en el recorrido de nuestra plástica.

IV
Algunos comentarios finales

Lo he venido sosteniendo desde el comienzo de esta charla: si estudiamos y valoramos lo que nuestros artistas han hecho tomando como ejemplo lo realizado en otras latitudes (en este caso Europa y Estados Unidos), corremos el riesgo de no concederle valor al trabajo de los nuestros. Me parece que sería saludable no pretender que aquí se puedan generar maestros similares a los que han surgido en otras regiones.

Lo que se gestó entre nosotros en un Miguel Gomes, un Toribio Ramos o un Zelaya Sierra, y las formas que estos artistas utilizaron, fueron también consecuencia, en gran medida, de la sociedad en la que abonaron su adolescencia. Por otra parte, esta actitud dependiente provoca también que lo que cabe en el concepto de las artes plásticas esté determinado por criterios hegemónicos. Es así como muchas creaciones realizadas en el seno de las comunidades étnicas, o bien lo hecho por artesanos, pero que no cuadran dentro de criterios tradicionales, no son considerados arte y, por lo tanto, culturalmente son remitidas a renglones marginales.

Esta actitud, por supuesto, jugó un rol decisivo para que durante muchos siglos no se haya podido desarrollar lo que, usando viejos conceptos, podría llamarse la plástica nacional. Recurrimos nuevamente al viajero Wells para ilustrar nuestra afirmación. En su libro comenta: "En ellos (los indios de Olancho) podían verse ejemplares de arte exclusivo de la raza indígena: los mantos de plumas, muchos confeccionados con rara habilidad, haciendo patente el gusto en la disposición y contraste de colores que en vano podían haber intentado artistas más cultivados".

"Lo mismo podría señalarse de muchos trabajos anónimos realizados con los materiales más inverosímiles por mestizos y mulatos, a quienes por ley se les prohibía firmar sus obras".[23]

A nuestro juicio, y de lo que conocemos, una de ellas es la mejor muestra de creatividad en lo que al siglo XVIII se refiere.[24]

V
Las "leyes" del mercado y el arte

Cabría, además, señalar otra constatación significativa: en Honduras, quizás por la pobreza del medio y la estrechez mental de la clase solvente, el buen arte plástico nunca adquirió la categoría de una mercancía apetecida. Podría incluso asegurarse que no fue sino hasta la década de los años ochenta que comenzó a tener un cierto valor en el mercado.

Esta ausencia de compradores, indudablemente, ha acentuado algunas de sus características, como por ejemplo la índole de la relación que se opera entre el artista y su obra. En términos generales, se ha pintado lo que se ha "sentido", alentado más bien por un impulso vital interno, no mediatizado por aquellas interferencias relacionadas con las leyes y regulaciones de la oferta y la demanda. Esto ha sido una constante hasta hace apenas una década.

Al señalar lo anterior, no es que se ofrezcan juicios de calidad, puesto que no es el hecho de que la obra se comercialice o no lo que le otorga su valor artístico. Lo que señalo roza más bien con la "verdad interna", y esta, al menos en la época actual, es más plausible que se manifieste entre menos intermediaciones extraplásticas se interpongan entre el creador y su obra.

---

[23] Leticia de Oyuela. Ya citada.
[24] Reproducido en "El Banco Atlántida en la Historia de la Pintura".

VI
El acto de creación

Por último, quisiera apuntar lo siguiente: de ninguna manera se trata de hacer caso omiso de las corrientes culturales que nos llegan del exterior. El mundo y la vida, al final de cuentas, es a través del intercambio como se han ido formando. De tal forma que es importante, aunque no del todo indispensable, conocer lo creado en otros espacios.

De lo que se trataría, más bien, es de aprender a comprender y valorar lo que aquí se ha hecho y continúa haciéndose, partiendo básicamente de nuestra realidad. Para ello, es necesario romper con esa estrecha visión de querer vernos usando la mirada de otros ojos que, por circunstancias diferentes, tuvieron otras formas de visión.

Tampoco se trata de aceptar lo nuestro porque sí, es decir, únicamente porque es "lo nuestro". Cuando se habla de arte —cualquiera que fuese su origen— sin consideraciones ajenas a sus propios signos y a su realización formal, estamos obligados a valorarlo como deficiente o cumplido.

El arte, además de lo que antes señalé —es decir, vehículo por el cual se transita en los espacios donde, aun en artistas que reniegan de ella, se afirma la vida—, es (o debería ser) más que otra cosa un acto de creación, con todo lo que esta pueda tener de alumbramiento, de cuido, de gozo y/o de dolor.

Haberse esforzado, con éxito, en llenar las exigencias que toda creación reclama, es lo que nos permite opinar sobre el valor intrínseco de la misma. Si Juan Miguel Gomes y Pablo Zelaya Sierra, de lo que se conoce hasta ahora, fueron los "más grandes" de sus tiempos, es porque —además de la ventaja del talento— supieron cuidar con esmero el alumbramiento de sus respectivos partos; o lo que es lo mismo, plasmar con eficacia las urdimbres y entretejidos concretos de sus formas creativas.

CONTENIDO